Gütersloher Taschenbücher / Siebenstern 375

Hermann Ringeling

Ethik vor der Sinnfrage

Religiöse Aspekte der Verantwortung

Gütersloher Verlagshaus
Gerd Mohn

Originalausgabe

CIP-Kurztitelaufnahme der Deutschen Bibliothek

Ringeling, Hermann:
Ethik vor der Sinnfrage: religiöse Aspekte d. Verantwortung / Hermann Ringeling. – Orig.-Ausg. – Gütersloh: Gütersloher Verlagshaus Mohn, 1980.
(Gütersloher Taschenbücher Siebenstern; 375)
ISBN 3-579-00375-5

ISBN 3-579-00375-5

Umschlagentwurf: Dieter Rehder, Aachen
Gesamtherstellung: Clausen & Bosse, Leck
Printed in Germany

Meinem verehrten Lehrer

Heinz-Dietrich Wendland

zum 80. Geburtstag

Inhalt

Einleitung 9

1. Die Verantwortung der Wissenschaft 17

2. Begriff und Bedeutung einer kritischen Religiosität 31

3. Das Menschenbild in der heutigen Theologie 47

4. Aggression und Toleranz als Problem religiöser Gesinnung . 65

5. Bemerkungen zur These vom natürlichen Tod 83

6. Die Verantwortung des Wissenschaftlers. Überlegungen aus der Sicht einer theologischen Ethik 101

7. Ethik als Integrationswissenschaft. Ein Arbeitspapier im Rahmen der Planung des Handbuchs der christlichen Ethik 113

Einleitung

Die anthropologische Situation der Gegenwart ist zutiefst eine religiöse Situation, die einer christlichen Vermittlung von Lebenssinn, einer theologischen Interpretation der Wirklichkeit offensteht. Mit diesem Satz schließt der letzte Beitrag in der hier zusammengestellten Auswahl von Versuchen und Vorträgen aus zehn Jahren. Mit ihm läßt sich auch beginnen, um ihre thematische Verknüpfung ein wenig zu verdeutlichen.

Den Anfang macht eine Rede, die die Frage nach dem wissenschaftlichen Ethos entfaltet. Das Thema drängt sich auf. Die Wissenschaft ist ins Zwielicht geraten. Dient sie noch einer Verbesserung der Lebensverhältnisse oder schlägt das schon um in eine Verschlechterung, der man wehren muß? Wovon ist da aber überhaupt die Rede? *Die* Wissenschaft gibt es streng genommen ja nicht, auch dann, wenn man sie die moderne nennt. Dennoch ist die verallgemeinernde Bezeichnung nicht unberechtigt.

Wer die moderne Wissenschaft lobt oder tadelt, hebt damit – zum einen – hervor, daß die Naturwissenschaften im Haus der Wissenschaft die Führung übernommen haben und mehr noch durch die von ihnen betriebene Verwissenschaftlichung unserer Lebenswelt auch im Gebäude der Gesellschaft. Unsere Kultur, mit anderen Worten, wird davon bestimmt, daß Forschungsprozesse veranstaltet werden, die bis in die Grundlagen des Lebens hinein verändernde Folgen haben. Wegen dieses Zusammenhangs von Wissenschaft und Gesellschaft gibt es auch gar keine Möglichkeit, aus dem Prozeß der wissenschaftlichen Durchdringung des Lebens auszusteigen. Man kann auch nicht mehr hinter ihn zurück, um irgendwie ganz von neuem anzufangen, vielleicht mit einem neuen Begriff von Wissenschaft.

Man kann sich nur noch in ihn einfügen, vermittelt durch fachlich und beruflich hochspezialisierte Leistungen. Das gilt wiederum für den Wissenschaftler wie für jedermann, und das hat den Anschein einer bedrückenden Einschränkung der persönlichen, auch gerade in ethischer Verantwortung sich äußernden Freiheit.

Nun betont aber, wer die moderne Wissenschaft bewundert oder anklagt, zum andern auch ihren fundamentalen Unterschied von vorneuzeitlicher Wissenschaft; die heutige, und das betrifft tatsächlich alle Wissenschaften, hat ihren Ursprung in der Aufklärung. Ursprung und Maß: das gilt auch für die Theologie, sosehr sie Kritik daran geübt hat, daß mit der Aufklärung der Mensch zum Maß aller Dinge geworden sei. Würde diese Beurteilung uneingeschränkt zutreffen und das Wesen der Aufklärung bezeichnen, müßte die entschiedene Absage an den Geist der Neuzeit die Konsequenz sein, und das um so mehr da, wo für die Gegenwart eher das Umgekehrte zu gelten scheint: daß nämlich die vom Menschen geschaffene Dingwelt wie ein stahlhartes Gehäuse, ein Gefüge allseitiger, beklemmender Abhängigkeit seinen Schöpfer unter Systemzwang stellt. Sittliche Verantwortung könnte dann nur in der großen Weigerung bestehen, zum weiteren Fortschritt auf dem Wege der wissenschaftlich-technischen Zivilisation beizutragen, einer Gesinnung, die sich im zeichenhaften Protest gegen ihre aufdringlichsten Phänomene bekundet.

Diese Kritik aus theologischer und sozialphilosophischer Sicht kann nicht einfach beiseite geschoben werden. Man kann nicht so tun, als gäbe es das nicht: die Hybris der Aufklärung und ihre Folgen. Und eine Ethik, die sich angesichts einer fragwürdigen Eigengesetzlichkeit des Fortschritts nicht zur Besinnung rufen ließe, würde sich einer unverantwortlichen Wissenschaftsgläubigkeit verschreiben. Aber eben: Wohin anders als zur Vernunft sollte die Ethik zu rufen sein? Die Kritik bringt sie zum eigenen Nachdenken, indem sie sie vor die Sinnfrage stellt, und indem auch sie wissenschaftlich argumentiert, um ihre Sicht zu begründen, bestätigt sie die Tatsache, daß die Aufklärung theoretisch wie praktisch zur Form der Kultur geworden ist.

Das heißt aber nicht, daß der Aufklärung ein eindeutiges Wesen unterstellt werden dürfte. Wissenschaft in ihrem Gefolge ist vielmehr ein offenes Erkenntnissystem. Besser allerdings muß man sagen:

Sie legt es von ihrem Ursprung her nahe, so begriffen zu werden, und es bedarf daher einer ethischen Grundhaltung, die diesem Ideal entspricht und entgegenkommt. Eine solche Grundhaltung, die der Wissenschaft erst den humanen Sinn gibt, der ihren eigenen Begriff zu erfüllen vermag, verweist aber auf einen religiösen Sinnhorizont, für den Gott das letzte Maß ist.

Beabsichtigt ist also eine theologische Interpretation der neuzeitlich bestimmenden Wirklichkeit, die sich bewahrend, vertiefend und gleichwohl umwandelnd auf sie einläßt. Einen Versuch, diese Korrelation als ein gegenseitiges Bedingungsverhältnis von kritischer Rationalität und kritischer Religiosität zu beschreiben, stellt der zweite Beitrag dar. Er war Heinz-Dietrich Wendland zum siebzigsten Geburtstag gewidmet und steht jetzt also im Kontext eines Bändchens, das ihm dankbar zum achtzigsten zugeeignet sein soll. Insbesondere die kirchlichen Aspekte eines christlichen Humanismus sind hier das Thema. Die These, daß es allein noch wirklichkeitsgerecht sei, sich produktiv auf die von der Aufklärung bestimmte Wirklichkeit einzulassen, wird zum Postulat einer Umkehr der kirchlichen Sinnstruktur. Das ist einerseits die Forderung, kirchliche Verantwortung so wahrzunehmen, daß der einzelne Christ befähigt wird, seinen Ort im zeitgenössischen Christentum mit eigenen Gründen zu vertreten, zugleich aber auch die andere, daß kirchliche Verantwortung bedeute, dieses Selbstbewußtsein durch ein Leitbild reflexiver Humanität zu stützen. Das hieße wiederum, daß die Kirche aus eigenen, theologischen Gründen an einem Gesamtbewußtsein teilnimmt, das den emanzipatorischen Sinn der modernen Gesellschaft ausmacht und seine Erfüllung im Sinnhorizont der christlichen Ökumene finden kann. Der konkrete Ort dieser realen Utopie ist die »weltliche Christenheit« nach H.-D. Wendlands Verständnis, ein Ort, der geeignet ist, reflektierten Pragmatismus zu begründen.

Der dritte und vierte Beitrag, Vorträge im Rahmen der Kulturhistorischen Vorlesungen an der Universität Bern, nehmen den Faden auf. Die Frage nach dem Verhältnis von anthropologischen und religiösen Aspekten der Verantwortung bedarf eines biblischen Rückbezugs, einer Vergewisserung, ob die systematischen und hochabstrakten Begriffe von Religion und Gott »schriftgemäß« sind. Nicht, ob sie schlichtweg biblisch seien, ist die Frage. Sie können es nicht sein, weil sie ihren selbständigen Ort im gegenwärtigen Christentum haben, und umgekehrt geht auch der theologische Forschungsprozeß, der nach den verbindlichen Voraussetzungen des Glaubens in der biblischen Verkündigung fragt, von zeitgenössischen Erfahrungen und Erkenntnissen aus. Wohl aber muß sich nachweisen lassen, daß unser heutiges Denken dem biblischen »sinngemäß« entspricht und sich über alle wirkungsgeschichtlichen Vermittlungen hinweg in ihm wiederzuerkennen vermag.

Der Gedanke, daß sich in der Enttäuschung und Ernüchterung des Glaubens an den Fortschritt von selbst bereits eine neue Ausrichtung der Wissenschaft ankündige, wird im Vortrag über das Menschenbild in der heutigen Theologie weitergeführt. Die Erfahrung, daß ein unbegrenztes Streben nach Freiheit, der Weg absoluter Autonomie, sich offenkundig als Irrweg erweist, läßt die neu aufbrechende Frage des Menschen nach sich selbst als eine Bewegung der Umkehr erscheinen. Die anthropologische Frage ist deshalb schon aus sich heraus eine religiöse Frage, die sich indirekt auf Gott als Grund und Grenze menschlichen Lebens richtet. Sie verweist damit auf die biblische Umwertung der Werte oder vielmehr Mächte, die besagt, es könne dem Menschen aus dem Eingeständnis seiner kreatürlichen Bedürftigkeit ein neuer religiöser Sinn dafür zuwachsen, daß es die ihm zukommende und in der Schöpfung noch nicht verwirklichte Seinsweise sei, aus einer welttranszendenten Macht zu leben. Nicht aufgrund einer konstitutionellen, sondern eben einer religiösen Schwäche versteht er sich aus der gewordenen Welt und stützt sich auf die Prinzipien, die in seinem »Fleisch« von seiner Herkunft aus der Entwicklungsgeschichte wirksam geblieben sind, verschließt er sich also in diese Wirklichkeit, ohne die ihm eröffnete Möglichkeit wahrzunehmen. Dies zu tun, würde bedeuten, das Leben in einer neuen Grundhaltung zu führen, aus den Prinzipien des »Geistes« im biblischen Sinne des Wortes, das heißt, der Macht, die die Welt überwindet. Dies zu *tun*, kann jedoch nur unter der Voraussetzung, daß das Bewußtsein der Freiheit im Bewußtsein der Abhängigkeit gründet, zum gangbaren Weg werden, da also nur, anders gesagt, wo die Rechtfertigung im Glauben das letzte Wort über den Menschen ist.

Die neue Grundhaltung ist infolgedessen eine Haltung des Vertrauens und sie wird zur ethischen Verantwortung hin vermittelt durch die Fähigkeit, sich in solchem religiösen Selbstverständnis zu seiner Erleidensgestalt zu verhalten, nämlich das Wissen um die Grenzen des Daseins mutig, ohne Hybris und Resignation, zu ertragen und in sinnvolle Verantwortung des geschöpflichen Lebens zu übersetzen. Diese vermittelnde Fähigkeit ist die Grundlage dessen, was man die utopische Existenz des Menschen nennen kann. Von ihr leitet sich die Begrenzung dessen, was seine ethische Existenz ausmacht, ab, Verantwortung für die Folgen seines Weltverhältnisses in der Gesinnung eines reflektierten Pragmatismus. Voraus geht ihr hingegen die Bestimmung des Menschen als religiöser Existenz. Die religiöse Begründung des Lebens gehört zu einem realistischen Verständnis des Menschen, sie betrifft die existentielle Bedingung der Möglichkeit, im Letzten unbesorgt um sich selbst und daher in offener Kommunikation mit den Mitgeschöpfen zu leben; sie eröffnet ebendeshalb auch die Möglichkeit, die anthropologischen Aussagen im Spektrum der Wissenschaften in eine theologische Reflexionsgestalt zu integrieren.
Der Frage nach Gott als dem Maß aller Dinge geht der vierte Beitrag besonders nach. In ethischer Hinsicht ist für das Verständnis eines solchen Satzes, der zum Grundsatz der neuzeitlichen Autonomie in einer unaufhebbaren – aber eben auch *beide* Sätze nicht aufhebenden – Spannung steht, die biblische Einsicht wichtig, daß das erste Gebot das Maß aller Gerechtigkeit ist. Das bedeutet, daß dem Menschen das Recht, über Wert und Unwert des ihn umgebenden Daseins letzte Urteile zu fällen, nicht zugestanden wird. Das ist gegenüber jeder Radikalisierung der Moral und Verabsolutierung politischer Programme, gegen Intoleranz aus Angst und Ungeduld, geltendzumachen. Mit diesem biblischen Gedanken kann auch MAX WEBERS Verdikt über eine Gesinnungsethik, die sich im Einklang mit der Vernunft der Wirklichkeit fühlt, gerechtfertigt werden; das Beispiel des religiösen Sozialismus ergänzt hier die Bemerkungen im ersten Beitrag. Und so kann auch gerechtfertigt werden, was der zweite Beitrag anstrebt, eine Gesinnung kritischer Religiosität. In dieser Gesinnung wird das neutestamentliche Liebesgebot zum Beweggrund, um das

radikale Element des christlichen Glaubens mit der historischen Kritik des aufgeklärten Geistes, den Eifer um Konsens mit der Fähigkeit, Widerspruch zu ertragen, zu verbinden: es wird zum Konstruktionsprinzip einer »offenen Gesellschaft« und offenen Kirche.
Der fünfte Beitrag , Bemerkungen zur These vom natürlichen Tod aus der Festschrift für ERNST STEINBACH, ist ein Versuch, die Methode der Integration von anthropologischen und religiösen Aspekten der Verantwortung an einem aktuellen Thema zu bewähren. Auch dies wieder in grundsätzlicher Weise; wen die weitere Umsetzung in ethische Konkretion interessiert, sei auf den Aufsatz über Grenzen ärztlicher Sterbehilfe (Für ein humanes Sterben. Maximen der ärztlichen Verantwortung in Grenzfällen (in: Lutherische Monatshefte 12, 1976) und auf die damit in gedanklichem Zusammenhang stehenden Richtlinien für die Sterbehilfe der Schweizerischen Akademie der medizinischen Wissenschaften (Basel 1976) hingewiesen.
Die These vom natürlichen Tod ist nicht neu, sie gehört zum Gedankengut des Marxismus wie der Kritischen Theorie; sie wird aber besonders prägnant und in bedenkenswert kritischer Weise gegen die Todesbilder im Christentum von WERNER FUCHS vorgetragen. Der Vergleichspunkt für eine theologische Auseinandersetzung ist die Frage nach dem Realismus angesichts des Todes. Das wird zum Anlaß für eine differenzierte Gegenthese: Die Beschreibung des sogenannten natürlichen Todes als friedliches Verlöschen der Lebenskräfte erbringt zwar im Kampf gegen verharmlosende Todesbilder eine sozialethisch bedeutsame Zielvorstellung, beschönigt aber doch auch selbst das kümmerliche Ende des Menschen und die unerträgliche Last eines hoffnungslosen Daseins. Mehr noch, es steckt in dieser radikal rationalistischen These der alte Stachel des Todes (1Kor 15,56): das Gesetz der Selbstverwirklichung und seine Folge, die Sünde, sich der Last, die der Nächste mit seinem Leben bedeutet, zu verweigern und auch die Last des eigenen Lebens abzuwerfen, wenn es nicht mehr als lebenswert erscheint. Versucht man demgegenüber jedoch, die wirkliche Conditio humana mit den existentialen Grenzbestimmungen der Hoffnungs- und Leidensfähigkeit zu beschreiben, wird der Begriff des menschlichen Todes wahrhaftig und realistisch zugleich. An dieser Stelle zeigt sich wieder, daß der Christ gerade

dann, wenn er sich vorbehaltlos auf ein Denken, das die eigenen Vorstellungsgrenzen mitreflektiert, einzulassen vermag, auch die religiösen Komponenten der anthropologischen Situation kenntlich machen kann: das Gesetz im theologischen Wortsinn und auch die Notwendigkeit des Evangeliums.

Der sechste Beitrag bietet im Rahmen eines interdisziplinären Kolloquiums, beispielhaft auf das Thema der Verantwortung des Wissenschaftlers in der industriellen biologischen Forschung bezogen, Ansätze zur Normenfindung. Das führt die Überlegungen des ersten weiter und leitet zu denen des letzten über. Das Verfahren ist das eines reflektierten Pragmatismus. Es geht davon aus, daß sich für jeden, der überhaupt bereit ist, Verantwortung für die Voraussetzungen, Mittel und Folgen seiner beruflichen Tätigkeit zu tragen, einige Verhaltensgrundsätze fast zwingend nahelegen. Sie brauchen nur in etwas grober, aber auch etwas spielerischer, weil nie ganz unbeliebigen Weise in Form von handlichen Maximen (Faustregeln wie die Goldene Regel) ausdrücklich und in versuchsweiser Anordnung dargestellt zu werden. Der Ort, auf den die christliche Ethik sich dabei einläßt, ist eben jener berufliche Ort, den H.-D. Wendland als »weltliche Christenheit« und das heißt, als den Entstehungsort sozialethischer Begriffe, bezeichnet. Um aber einen Spielraum für eigene Verantwortung offenzuhalten, können die kommunikativ gefundenen Normen bei zunehmender Konkretion nurmehr die Grenzen des Zulässigen markieren, während andererseits eine Selbstreflexion auf diesen Ort der Entstehung sozialethischer Begriffe in Gang gebracht werden muß. Bei diesem Hin- und Hergehen zwischen der vorausgesetzten moralischen Erfahrung und einer ideologiekritischen Theoriebildung läßt sich dann auch zwanglos der christliche Standpunkt zur Geltung bringen.

Daß der religiöse Sinnhorizont in der theologisch bestimmten Form einer Christonomie, das menschliche Ethos prägend, vertiefend, umwandelnd, eine solche »offene Integration« bewirke, theologische Ethik also eine Integrationswissenschaft sei, wird im letzten Beitrag noch einmal ausführlich zum Thema. Der Begriff »Integrationswissenschaft«, von Werner Schöllgen in die neuere katholische Ethik eingeführt, bezeichnet des weiteren das Konzept einer autonomen

Ethik im christlichen Kontext. Es hat im Handbuch der christlichen Ethik (hg. von A. HERTZ, W. KORFF, T. RENDTORFF und H. RINGELING, 2. Aufl., Freiburg i. Br. und Gütersloh 1979) einen ökumenischen Ausdruck gefunden; das gilt im besonderen auch für dieses Arbeitspapier, das für die Planung des dritten Teils im ersten Band entworfen wurde.

Bern, im Sommer 1979 *Hermann Ringeling*

1. *Die Verantwortung der Wissenschaft**

Am 15. November 1834, dem Gründungsfest unserer Universität, sagte der erste Rektor, Wilhelm Snell, ein umstrittener Deutscher, der an Radikalität nichts vermissen ließ: »Unablässig umschwebe uns der Geist des Volkes, aus dem die Hochschule, deren Bürger und Mitarbeiter wir heute geworden, hervorging.« Er traf damit die Auffassung aller Anwesenden; die Hochschule, so und ähnlich tönte es aus allen Reden, sei berufen, die Wissenschaft mit den Forderungen des Tages zu verbinden. Gemeint war im Grunde nichts anderes als was Johann Gottlieb Fichte schon vierzig Jahre vorher in Berlin der neuen Elite eingeschärft hatte. Er sagte den Studierenden:

»Es wurde ein bestimmter Stand, die weitere Ausbildung eines bestimmten Talents gewählt, um der Gesellschaft dasjenige, was sie für uns getan hat, wiedergeben zu können; demnach ist jeder verbunden, seine Bildung auch wirklich anzuwenden zum Vorteil der Gesellschaft. Keiner hat das Recht, bloß für seinen eigenen Selbstgenuß zu arbeiten, sich vor seinen Mitmenschen zu verschließen und seine Bildung ihnen unnütz zu machen, denn eben durch die Arbeit der Gesellschaft ist er in den Stand gesetzt worden, sie sich zu erwerben, sie ist in einem gewissen Sinne ihr Produkt, ihr Eigentum; und er beraubt sie ihres Eigentums, wenn er ihnen dadurch nicht nützen will. Jeder hat die Pflicht, nicht nur überhaupt der Gesellschaft nützlich sein zu wollen; sondern auch seinem besten Wissen nach alle seine Bemühungen auf den letzten Zweck der Gesellschaft zu richten, auf den – das Menschengeschlecht immer mehr zu veredeln, d. i. es immer freier von dem Zwange der Natur, immer selbständiger und selbsttätiger zu machen – und so entsteht denn

* Berner Rektoratsrede 1977; gegenüber der im Verlag Paul Haupt, Bern 1977, veröffentlichten Fassung leicht nach dem Vortrag verändert.

durch diese neue Ungleichheit eine neue Gleichheit, nämlich ein gleichförmiger Fortgang der Kultur in allen Individuen.«[1]

Das liegt weit zurück, und das idealistische Pathos dieser Sätze wird manchen – je nach Temperament und Charakter – eher wehmütig oder ironisch lächeln machen. Dennoch klingt darin ein Thema an, das die Universität begleitet, das aktuell ist wie eh und je, ja, das heute überhaupt erst zu einem ethischen und wissenschaftstheoretischen Problem allerersten Ranges zu werden beginnt: daß eben vor allen Rechten – den Freiheitsrechten der neuen Hochschule, zu forschen und zu lehren – die Pflicht zur Rechenschaft steht. Dieser Pflicht gilt es nachzudenken.

I.

Das Thema heißt: Die Verantwortung der Wissenschaft. Daß es notwendig ist, neu über das Dienstverhältnis oder mit dem anspruchsvollen Wort gesagt: den »Sinn« moderner Wissenschaft nachzudenken, wird kaum einer bestreiten. Bürgerinitiativen gegen Atomkraftwerke, Proteste gegen die Zerstörung der Umwelt, Aufrufe, die Würde des Sterbens vor der Allmacht der Medizin zu schützen, dies alles sind Symptome einer wachsenden Skepsis. Der Glaube an den Fortschritt ist erschüttert, die Wissenschaft ins Zwielicht geraten. Und das ist gut so. Nicht, weil es Wasser auf die Mühle des Theologen wäre; er wird der Versuchung widerstehen, einer Flucht in die Hinterwelt Vorschub zu leisten. Gut ist die Skepsis vielmehr, weil sie zu nüchternem Abwägen zwingt und wohl auch: weil sich in ihr selbst bereits eine neue Ausrichtung der Wissenschaft ankündigt.
Gar so neu ist diese Skepsis allerdings nicht. Die Fragen, die uns gegenwärtig bewegen, sind vor einem halben Jahrhundert auch schon gestellt worden, einer Zeit vergleichbarer Enttäuschung und Ernüch-

1. *J. G. Fichte*: Über die Bestimmung des Gelehrten, Dritte Vorlesung (1794), Gesamtausgabe Werke, Band 3 (hg. von *R. Lauth* und *H. Jacob*), Stuttgart 1966, S. 48f.

terung über die Werke der Zivilisation. Es führt uns mitten hinein ins Thema, wenn wir die Stimme eines Mannes hören, der zu den Klassikern nicht nur der heutigen Soziologie, sondern auch der Wissenschaftstheorie und Ethik gehört, MAX WEBERS nämlich. Im Revolutionswinter 1918/19 sprach er vor Münchner Studenten zur Orientierung über Berufsfragen. »Wissenschaft als Beruf« nannte er seinen Vortrag, in welchem er radikal und konzentriert deutlich zu machen versuchte, was für ihn der Inbegriff des wissenschaftlichen Ethos war: die intellektuelle Rechtschaffenheit. Sinn – das wollte er im Kern den Studenten sagen – hat die Wissenschaft nicht schon in sich, Sinn müssen wir, muß jeder einzelne ganz für sich ihr geben. Es klingt wie von heute, wenn er ausführte: ». . . nehmen Sie eine wissenschaftlich so hochentwickelte praktische Kunstlehre wie die moderne Medizin. Die allgemeine ›Voraussetzung‹ des medizinischen Betriebs ist, trivial ausgedrückt: daß die Aufgabe der Erhaltung des Lebens rein als solchen und der möglichsten Verminderung des Leidens rein als solchen bejaht werde. Und das ist problematisch ... Ob das Leben lebenswert ist und wann? – danach fragt sie nicht. Alle Naturwissenschaften«, fügte er hinzu, »geben uns Antwort auf die Frage: Was sollen wir tun, *wenn* wir das Leben *technisch* beherrschen wollen? *Ob* wir es aber technisch beherrschen sollen und wollen, und ob das letztlich eigentlich Sinn hat: – das lassen sie ganz dahingestellt oder setzen es für ihre Zwecke voraus.«[2]

Nun könnte man denken, das sei eine der üblichen Attacken, die die Geisteswissenschaftler gegen die Naturwissenschaftler zu reiten pflegen. Mitnichten: WEBER ging alle Fachrichtungen durch und schloß diesen Gedankengang, indem er sagte:

»Oder nehmen Sie die historischen Kulturwissenschaften. Sie lehren politische, literarische und soziale Kulturerscheinungen aus den Bedingungen ihres Entstehens verstehen. Weder aber geben sie von sich aus Antwort auf die Frage: ob diese Kulturerscheinungen es *wert* waren und sind, zu bestehen,

2. *M. Weber*: Wissenschaft als Beruf (1919), in: *ders:* Gesammelte Aufsätze zur Wissenschaftslehre, hg. von *J. Winckelmann*, 3. Aufl., Tübingen 1968, S. 599f.

noch antworten sie auf die andere Frage: ob es der Mühe wert ist, sie zu kennen. Sie setzen voraus, daß es ein Interesse habe, durch dies Verfahren teilzuhaben an der Gemeinschaft der ›Kulturmenschen‹. Aber daß dies der Fall ist, vermögen sie ›wissenschaftlich‹ niemandem zu beweisen, und daß sie es voraussetzen, beweist durchaus nicht, daß es selbstverständlich sei. Das ist es in der Tat ganz und gar nicht.«

Nun, Reiterattacke hin oder her, das ist nur ein Vorgeplänkel; der Hauptstoß des Weberschen Angriffs geht weiter, tiefer, er richtet sich auf die gesamte traditionelle Ethik und bedeutet insbesondere eine Herausforderung an die Theologie, sich auf ihr eigenes Verhältnis zur Wissenschaft zu besinnen. Das kommt noch klarer in einem ähnlich angelegten Vortrag aus derselben Zeit kurz vor seinem Tode zum Ausdruck: »Politik als Beruf«. Darin entfaltet er seine These, daß ein grundlegender Unterschied zu machen sei zwischen einer *Verantwortungsethik,* die allein den Gegebenheiten einer wissenschaftlich-technischen Welt Rechnung trage, und einer *Gesinnungsethik,* die an eine letzte, sei es denn gleichsam hintergründige Harmonie des Daseins glaubt und menschliches Handeln von diesem Glauben bestimmt sein läßt. Die Spitze des Gedankens zielt also auf die Annahme, daß die Wirklichkeit – zutiefst und zuletzt – vernünftig, das Vernünftige auch wirklich sei, und hier sitzen für WEBER die Idealisten und Theologen, gleich welcher Couleur, in der gleichen Verdammnis. Was heißt das genau?

WEBER kämpft – und die Leidenschaft dieses Kampfes erscheint uns heute wieder wohlberechtigt – gegen das, was im Zeichen der Neuzeit nurmehr naives (aber deshalb nicht ungefährliches) Schwärmertum sein kann: die *absolute* Ethik, den Totalitarismus des wahren Bewußtseins, den »Sinn«, mit anderen Worten, der in die Wirklichkeit als Heilswert, Heilsordnung eingestiftet sein soll und den es – mag prophetischer Glaube ihn auch entdeckt haben – »wissenschaftlich« zu belegen und praktisch zu vertreten gelte. Wer im Bewußtsein solcher Reinheit der rechten Gesinnung und im Blick auf die eindeutig richtige Weltordnung handelt, wird um die Folgen seiner Taten nicht weiter besorgt sein müssen, weiß er sich doch im Einklang mit der Vernunft der Wirklichkeit.

»Da liegt der entscheidende Punkt«, sagte WEBER. »Wir müssen uns klarmachen, daß alles ethisch orientierte Handeln unter *zwei* voneinander grundverschiedenen, unaustragbar gegensätzlichen Maximen stehen kann: es kann ›gesinnungsethisch‹ oder ›verantwortungsethisch‹ orientiert sein. Nicht, daß Gesinnungsethik mit Verantwortungslosigkeit und Verantwortungsethik mit Gesinnungslosigkeit identisch wäre. Davon ist natürlich keine Rede. Aber es ist ein abgrundtiefer Gegensatz, ob man unter der gesinnungsethischen Maxime handelt – religiös geredet: ›Der Christ tut recht und stellt den Erfolg Gott anheim‹ –, *oder* unter der verantwortungsethischen: daß man für die (voraussehbaren) *Folgen* seines Handelns aufzukommen hat.«[3]

Noch schärfer pointiert heißt das, und an dieser Stelle kommt die »Verantwortung der Wissenschaft« präzise zur Sprache: Der Gesinnungsethiker, sagt Weber, ertrage die ethische Irrationalität der Welt nicht, er sei ein kosmisch-ethischer ›Rationalist‹. Gemeint ist, daß es zum Ethos der Wissenschaft gehöre, sich unumwunden einzugestehen: die Welt, in der wir leben und zu handeln genötigt sind, gibt keinen eindeutigen Plan, kein stimmiges Handlungsmuster zu erkennen. Und wenn etwas heute noch »total« genannt zu werden verdient, dann ist es – wie WEBER nach einem FRIEDRICH SCHILLER zugeschriebenen Wort gern sagte – die totale Entzauberung der Welt – durch Wissenschaft. Durch rational-empirisches Durchleuchten, durch kausal-mechanisches Erklären, durch historisch-einfühlendes Verstehen und die umfassende Versachlichung und Verplanung des Lebens, mit einem Wort: durch die moderne Rationalität ist jede Hoffnung auf allgemeinverbindlichen Sinn endgültig zunichte gemacht. So sah es MAX WEBER, und auf die Frage nach dem »Sinn« der Wissenschaft, gar nach dem »Sinn des Lebens« hätte er antworten können wie GOTTFRIED BENN, der ähnlich wie die Stimme Gottes im Buche Hiob seine »Stimme hinter dem Vorhang« schelten hört: »wenn ich euch nun sagte: im Dunkel leben, im Dunkel tun, was wir können – *das soll sein?*«
Verantwortung der Wissenschaft, was ist das dann also? Es ist nach WEBER die Pflicht, sich und den anderen, die von den Folgen wissen-

3. *Max Weber*: Politik als Beruf (1919), in: *ders.*: Gesammelte politische Schriften, hg. von *J. Winckelmann*, Tübingen 1958, S. 539f.

schaftlicher Weltgestaltung betroffen werden, Rechenschaft darüber zu geben, daß jedes Konzept der Forschung und daß letztlich die Wissenschaft selbst als Konzept rationaler Naturbeherrschung Menschenwerk ist. Ein *Entwurf* – vernünftig, wenn es gutgeht – in einer unvernünftigen Welt. Zu Entwürfen kann man sich Alternativen denken, neben Werthaltungen, die ein menschliches Leben erfüllen können, erfüllen müssen, wenn es nicht einfach dahingelebt sein soll, gibt es andere. Wissenschaft ist daher ein Feind des Absoluten, es sei denn, dies Absolute bedeute nur mir und ohne andere unter dasselbe Joch zu zwängen das Höchste. ERNST TROELTSCH, der theologische Freund MAX WEBERS, hat auch für das Christentum verständlich gemacht, daß sich der Wissenschaft »das Absolute« entzieht, während man gleichwohl seinen religiösen und ethischen Überzeugungen eine persönlich zu verantwortende Höchstgeltung beimessen kann. Wissenschaft ist daher auch eine Kraft der Kommunikation, der Verständigung zwischen möglichen Standpunkten, die von *Menschen* eingenommen werden. Über WEBER führt dieser Gedanke allerdings schon ein Stück weit hinaus. Für ihn war die moderne Wissenschaft nach der *einen* Seite die Sprache der Freiheit und auf der *anderen* ein epochales Verhängnis. Sprache der Freiheit: weil sie von ungeprüften Autoritäten und Satzungen, von schicksalhafter Verflechtung in die rohe Natur befreit und uns lehrt, durch eigenes Tun und selbstverantwortliche Sinnstiftung in eine offene Zukunft zu gehen. Verhängnis: weil sich unversehens die offene Perspektive der Wissenschaft in ein »stahlhartes Gehäuse« – so nannte er es – verkrümmt hat; weil Wissenschaft sich in einen gigantischen Apparat der Lebenssorge, ja, der Zuteilung von Lebenschancen inkarniert und gleichsam göttliche Gestalt angenommen hat. Moderne Rationalität – das war einmal ein menschlicher Entwurf, aber er hat sich längst verselbständigt, er hat sich dem Dienstverhältnis des Menschen entzogen und ist zum Selbstzweck geworden. Die Wissenschaft, so könnte man auch sagen, hat sich der Sinnfrage entzogen, indem sie zu unserem Lebenselement geworden ist, das unbezweifelbarste von allem. Sie ist, wie der Münsteraner Soziologe HELMUT SCHELSKY es ausdrückt, »zur Substanz des praktischen Lebens heute selbst geworden« und sie folgt, wie es scheint, ihren eigenen Gesetzen. MAX WEBER bestätigend, kommt SCHELSKY zu dem Ergebnis, daß sich das Ethos der Wissenschaft dadurch auf das Ethos des Erkennenwollens reduziere. »Die Rationalität der erforschten Sache«, sagt er, »unterwirft sich den sittlichen Entschluß des Menschen.« Sie selbst lasse sich keiner ethischen Reglementierung mehr unterwerfen. Im Gegenteil: Die Wissenschaft entmündigt noch den, der sie betreibt[4].

II.

Die Verantwortung der Wissenschaft: beschränkt sich das nun also doch auf die gewissenhafte Wahrnehmung des Dienstes »an der Sache«, die man erforscht? Denn das ist ja zweifellos der Kern des wissenschaftlichen Ethos: intellektuelle Rechtschaffenheit eben, die der Denkende sich selber schuldet und die ihn tatsächlich zum Erkennenwollen treibt. Der Zürcher Theologe GERHARD EBELING hat das als die Nötigung zum redlichen Vernunftgebrauch bezeichnet. Er sagt:

»Um meiner selbst willen bin ich genötigt, zwischen Wahrheit und Lüge zu unterscheiden und mir kritisch Rechenschaft zu geben, daß ich mich nicht selbst betrüge. Der Mensch ist auf Gewißheit angewiesen, mag er auch noch so oft gegen diese elementare Nötigung zur Sauberkeit des Denkens verstoßen. Denken heißt sich Rechenschaft geben. Die Vernunft selbst hat Verantwortungsstruktur. Zwischen der Vernünftigkeit des Menschen und der Moralität besteht engster Zusammenhang.«[5]

Das Sittliche, erläutert EBELING, komme nicht erst zum Denken hinzu, vielmehr gehöre das Denken in den Horizont des Sittlichen, so daß es sittliche Pflicht sei zu denken, das Denken aber auch an sittliche Verantwortung gebunden. Das schließt jedoch, genauer betrachtet, ein, daß die Pflicht, *sich selbst* Rechenschaft zu geben, mit der

4. *H. Schelsky*: Einsamkeit und Freiheit, Hamburg 1963, S. 221.
5. *G. Ebeling*: Die Evidenz des Ethischen und die Theologie, in: *ders.*: Wort und Glaube II, Tübingen 1969, S. 27.

Pflicht, *anderen* Rechenschaft zu geben, unlösbar verbunden ist. Denn Erkennenwollen kann ich nur in der Gemeinschaft der Denkenden. Um jenen Kern des wissenschaftlichen Ethos mit seinen Polen Rationalität und Moralität – und es zeigt sich, daß er wesentlich für menschliche Existenz ist – kristallisiert sich daher eine soziale Struktur, diejenige nämlich, die das Wesen der Universität ausmacht. WILHELM SNELL sprach in seiner Gründungsrede von einem Gesamtfreistaat der Geister und Wissenschaften, und genau das trifft es: Wer erkennen will, muß sein Wissen vorbehaltlos mitteilen und austauschen. Man hat für diese soziale Struktur vier charakteristische Merkmale, sozusagen die republikanischen Tugenden der Wissenschaft, angegeben: Universalismus, Gemeinschaftsgeist, Uneigennützigkeit und systematischer Skeptizismus (ROBERT K. MERTON).

Und das wiederum hat Folgen für das Ansehen, das die Wissenschaft in der Gesellschaft genießt. Die Normen der Universität, die in der Verantwortung vor der Wissenschaft gründen, werden auch als die Normen ihrer sozialen Verantwortlichkeit betrachtet. »Nicht, daß die Akademiker generell wohlmeinender oder idealistischer wären als ihre Mitmenschen«, sagt der amerikanische Soziologe DANIEL BELL, »aber man erwartet von ihnen doch eine das Verhalten bestimmende, über der Ethik des Eigennutzes stehende Ethik des Dienens.« Das verleihe den akademischen Berufen den Nimbus fachlicher und moralischer Qualifikation und verhelfe ihren Mitgliedern zu einer gehobenen Stellung in der Gesellschaft[6]. Er fragt allerdings sogleich, ob das nicht doch eine Ideologie sei, ein trügerischer Schein über einer ganz andersartigen Wirklichkeit. Und das ist in der Tat der springende Punkt. Denn was heißt – über die akademische Binnenstruktur hinaus – schon »Ethos des Dienens«, wenn der einzelne an seinem Ort jenen gigantischen Apparat nur *be*dienen kann? Wenn es nicht möglich sein sollte, dieses, wie es scheint, autonome System von rationalisierter Forschung, Anwendung und Verwertung noch

6. *D. Bell*: Die nachindustrielle Gesellschaft, Frankfurt a. M. 1975, S. 272, 280. Vgl. auch *H. Aebi* und *V. Gorgé*: Die Verantwortung des Wissenschafters (Berner Universitätsschriften, Heft 19), Bern 1976.

durch sinngebende Impulse zu steuern und seine Richtung zu bestimmen? Was heißt das also heute: Verantwortungsethik?

An WEBER läßt sich noch einmal anknüpfen. Er bekannte sich zu einer Selbstbescheidung des Wissenschaftlers. Dieser solle sich in das Unvermeidbare schicken, nämlich anerkennen, daß er – vernünftig und sittlich – nurmehr im engen Rahmen seiner speziellen Fachrichtung wirken könne. Verantwortung für das Ganze kann er nicht übernehmen. Eben deshalb aber hat WEBER zufolge die fachberuflich allein noch mögliche Verantwortung der Wissenschaft ihr Gegenstück in politischem Selbsteinsatz. Denn, wenn es die Menschen sind, die der Wissenschaft, soviel noch an ihnen ist, Sinn geben, müssen sie Entscheidungen treffen und sie öffentlich verantworten, das heißt, sie mit den zu Gebote stehenden Mitteln auch durchzusetzen versuchen. Und wieder gilt auch da die Bescheidung auf das Mögliche: nicht das »Große und Ganze« kann Gegenstand solcher Verantwortung sein, sondern Wissenschaftspolitik muß mit dem nüchternen Blick auf die – wie auch WEBER es sagte – »Forderung des Tages« betrieben werden.

In dieser Linie kann man weiterdenken. Verantwortung der Wissenschaft, so könnte man dies erste Ergebnis formulieren, ist angesichts der modernen Verhältnisse fachliche *und* politische Verantwortung, und aus dieser zweifachen Pflicht kann niemand entlassen werden. Wissenschaftliche ohne politische Verantwortung wäre eine halbierte Verantwortung, also keine Verantwortung, also unmoralisch. Die Konsequenzen zeichnen sich in der gegenwärtigen Situation bereits deutlich ab: Die Verantwortung der Wissenschaft beginnt nicht erst bei der Anwendung ihrer Resultate, sie beginnt schon mit der Auswahl ihrer Vorhaben, sie setzt sich fort in der Suche nach Maßstäben für die Unterscheidung verantwortbarer von unverantwortlichen Mitteln der experimentierenden Forschung, und sie äußert sich in der soliden und elementaren Information, die der Wissenschaftler nicht nur den Fachgenossen, sondern der Öffentlichkeit schuldet.

So praktikabel das alles jedoch klingt und wohl auch ist: das *Ganze* bleibt nach wie vor fraglich. Und man kann es bei dieser Fraglichkeit nun doch nicht bewenden lassen, sondern muß – und sei es denn mit der Hartnäckigkeit des Theologen – die Frage nach dem Sinn der Wissenschaft weitertreiben, über WEBER hinaus. Der nämlich ging am entscheidenden Punkt nicht weit genug. Vielmehr blieb er selbst noch dem Glauben an das Absolute, dem seine ironische Abwehr galt, verhaftet, nämlich dem Ideal des Idealismus: der freien, in ihrer Selbständigkeit und Selbsttätigkeit vollkommenen Persönlichkeit. WEBER – wie auch sein Freund ERNST TROELTSCH – wollte wenigstens einen »Rest des Menschentums« bewahren und entschlossen verteidigen gegen die heraufkommende Massengesellschaft. Wertvoll im letzten konnte aus dieser Sicht nur sein, was solchem Interesse an Selbstverwirklichung dient, und wertlos mußte aus derselben Perspektive jenes – wie der abfällige Ausdruck lautete – »Gehäuse der Hörigkeit« sein, das die Zeitgenossen gefangenhielt, weil es kraft des Erfolges der Wissenschaft ihre Glücksbedürfnisse befriedigte. »Fachmenschen ohne Geist, Genußmenschen ohne Herz:« – zitierte er (man weiß nicht, ob Nietzsche) – »dies Nichts bildet sich ein, eine nie vorher erreichte Stufe des Menschentums erstiegen zu haben.«[7] Aber eben: Das war schon Melancholie, denn das Ideal der autarken Persönlichkeit ließ sich fast nur noch im elitären Beruf des Akademikers darstellen, und auch das immer weniger, je stärker der Zwang zur Kooperation in der arbeitsteiligen Wissenschaft wurde. Wie auch immer: Verantwortung war für WEBER Einstehen für die Folgen der eigenen Sache, Selbstverantwortung, aber nicht etwa, was doch zur Bestimmung einer Verantwortungsethik gehört, »Rechenschaftsabgabe den Mitmenschen gegenüber und die Fürsorge für sie»[8].

An diesem Punkt betreibt die Theologie im Verein mit der Wissenschaft das Geschäft der Entzauberung weiter. Sie wird sich aufgrund ihrer eigenen Voraussetzungen dazu bekennen, daß nichts in der

7. *Max Weber*: Die protestantische Ethik und der Geist des Kapitalismus, in: *J. Winckelmann (Hg.)*: Max Weber, Die protestantische Ethik I. Eine Aufsatzsammlung (GTB Siebenstern 53), 5., erneut überarbeitete und mit einem Nachwort versehene Aufl., Gütersloh 1979, S. 189.
8. *Walter Schulz*: Philosophie in der veränderten Welt, 2. Aufl., Pfullingen 1974, S. 717; vgl. auch insgesamt zu Weber und Schweitzer.

Welt absolut sein kann, kein Lebenswert und kein Menschenbild, nicht einmal oder besser: schon gar nicht ein Bild von Gott, dem Inbegriff des Absoluten als des Ganzen der Wirklichkeit; der Mose vor dem Berner Münster zeigt auf das zweite Gebot: Du sollst dir keine Bilder machen. Und was die ethische Irrationalität der Welt betrifft: ULRICH NEUENSCHWANDER, der verstorbene Rector designatus, der an dieser Stelle hatte stehen sollen, hätte wohl auf ALBERT SCHWEITZER hinweisen mögen. Der sagte: »Nimmt man die Welt, wie sie ist, so ist es unmöglich, ihr einen Sinn beizulegen, in dem die Zwecke und Ziele des Wirkens des Menschen und der Menschheit sinnvoll sind.« Vielmehr sei es so: «Sinnvolles in Sinnlosem, Sinnloses in Sinnvollem: dies ist das Wesen des Universums.« SCHWEITZER nannte das eine »Resignation der Erkenntnis«, mit der die wirkliche Lebensweisheit erst beginnt[9].

Und eben: diese Skepsis macht auch vor dem menschlichen Dasein nicht halt. Sie gibt zwar die Einsicht, daß nur der tätige Selbsteinsatz des Menschen würdig und seiner Bestimmung angemessen sei, nicht preis. Selbsteinsatz aber wofür? Die Frage schärft sich auf einen »Grundentschluß« (W. WEISCHEDEL) zu: *Entweder* wir *beschränken* unseren Einsatz und unsere Verantwortung auf unser eigenes Ich – und wissen dann doch, daß das kleinlich und unwürdig wäre – *oder* wir *erweitern* unsere Verantwortung, indem wir uns – ohne vorgefaßte Werturteile – für das Lebensrecht *alles* Lebendigen einsetzen. Man weiß, wie ALBERT SCHWEITZER sich entschied: für eine »ethische Mystik«, das heißt, für ein tätiges Sich-Verlieren in den Dienst des Lebens. Mit diesem Grundentschluß, der zwischen Selbstverwirklichung und Selbstverleugnung seine Wahl trifft, fängt das Ethische an, mit einer *Gesinnung* also, aus der Verantwortung folgt. Und allerdings: der ethische Grundentschluß, der sein Symbol im Tod des Gekreuzigten hat, setzt die Überzeugung voraus, daß es sinnvoll ist, sein Leben einzusetzen, anstatt es für sich zu behalten; Vernunft und Glaube – auch das hat SCHWEITZER betont – sind an diesem

9. *A. Schweitzer*: Kultur und Ethik (Sonderausgabe Verlag C. H. Beck), München 1960, S. XII, 192.

Punkt füreinander geöffnet[10]. Was heißt das aber, noch einmal nun, für die Verantwortung der Wissenschaft?

Die Wissenschaft ist ein Feind des Absoluten; das macht sie nicht zum Gegner des christlichen Glaubens, sondern zu seinem Bundesgenossen. Im Bunde mit moderner Wissenschaft, deren Universalität als »Offenheit des Erkenntnissystems« zu bestimmen ist, wird die theologische Ethik – über MAX WEBER hinaus – darauf dringen, daß das »Ethos des Dienens« nicht auf den akademischen Binnenbereich beschränkt bleibt, sondern universal wird: als eine Kraft der Kommunikation, die jeden Standpunkt, den Menschen einnehmen, seines absoluten Anspruchs beraubt. Diese »Entzauberung« ist daher, ins Positive gewendet, das Prinzip einer Gleichheit, die doch nichts weniger ist als Gleichmacherei, sondern in der Freiheit besteht, alles Lebendige – im gegenseitigen Bezug – als das gelten zu lassen und zu fördern, was es zu sein vermag. Und auch bei ALBERT SCHWEITZERS mystischem Handlungsgrund braucht man nicht stehenzubleiben. Die umfassende Rationalität der Lebensgestaltung, die MAX WEBER für ein Verhängnis hielt, bringt tatsächlich mit unabwendbarer Macht eine gegenseitige Abhängigkeit der Menschen voneinander, ja, jetzt auch erst eine wirkliche Interdependenz allen Lebens zustande. Es wäre deshalb ebenso unvernünftig wie unmoralisch, dem *Ganzen des Lebens*, an dem man teilhat, nicht dienen, sondern sich in sein kleines, privates Ich verschließen zu wollen. Die Kritik, der die Wissenschaft heute begegnet, zielt aber genau in diese Richtung: Sie wird herausgefordert, sich ethisch zu dem zu entschließen, was faktisch schon in ihrer eigenen Tendenz liegt, dazu nämlich, das Gefüge allseitiger Abhängigkeit, das sie schafft, zu einem Geflecht gegenseitiger Teilhabe zu machen. Das hieße, die schwächeren Glieder in diesem Geflecht zu schützen und zu fördern, ihnen zur Mitwirkung am Ganzen zu verhelfen. So verstanden und so auch *wirklich* – beruflich und politisch – von den Mitmenschen zur Rechenschaft über ihr Dienstverhältnis herausgefordert, wird die Wissenschaft mit

10. Zum ethischen »Grundentschluß« vgl. *W. Weischedel*: Skeptische Ethik, Frankfurt a. M. 1976; zur anthropologischen Begründung vgl. *W. Schulz*, a. a. O. S. 737.

innerer Notwendigkeit auf einen Entwurf der Weltgestaltung verpflichtet, den die ökumenische Theologie als den Entwurf einer weltweit »verantwortlichen Gesellschaft« bezeichnet hat. Gemeint ist, was Helmut Schelsky in kritischer Auseinandersetzung mit Fichte und den idealistischen Ursprüngen der Universität eine Form offener Humanität oder auch ein »reales Weltbürgertum«, das an der Zeit sei, genannt hat. Es gelte, die globale Ausbreitung moderner Wissenschaft in eine unbegrenzte geistige und praktische Kommunikation zu übersetzen. In solcher universalen Lebensbejahung, die aus der Verneinung des Absoluten kommt, erschließt sich der Sinn von Wissenschaft[11].

Die Verantwortung der Wissenschaft. Fichte sagte: »Und so entsteht denn durch diese neue Ungleichheit eine neue Gleichheit, nämlich ein gleichförmiger Fortgang der Kultur in allen Individuen«. Sind wir am Ende nicht doch wieder nahe bei den Gründern der Hochschule? Und kann das nicht auch – noch immer – Verpflichtung bedeuten?

11. *H. Schelsky*, a. a. O. S. 287, mit Bezug auf *K. Jaspers* zur »Offenheit des Erkenntnissystems«; S. 303, zum »realen Weltbürgertum« als Form einer Humanität, die – nach *A. Gehlen* – eine »Ferneethik« ausbilden müsse.

2. *Begriff und Bedeutung einer kritischen Religiosität**

I.

Kritische Religiosität und kritische Rationalität sind komplementäre Begriffe[1]. Von dieser Feststellung muß die Definition ausgehen; sie ortet das Phänomen, dessen sozialtheologische Bedeutung beschrieben werden soll, im Umkreis der Aufklärung. Es ist ein Ausdruck jener Distanz, welche die neuzeitliche Vernunft zur Tradition herstellt um des Vermögens willen, »sich seines Verstandes ohne Leitung eines anderen zu bedienen«[2]. Die Kantsche Generalklausel eines Begriffs von Aufklärung, die »den Ausgang des Menschen aus seiner selbstverschuldeten Unmündigkeit« zum Thema hat, erstreckt sich also auch auf die besondere Tradition des Christentums: Sofern sie von der Kirche als dogmatischer Bestand verwaltet wird, ist Aufklärung der »Protest gegen solche kirchliche Lehre und Verkündigung, bei der sich ein vernünftiger Mensch nichts denken kann«[3]. Umgekehrt aber bewahrt die religiöse Kritik das aufgeklärte Denken

* Erstmals veröffentlicht in der Festschrift für *Heinz-Dietrich Wendland*: Humane Gesellschaft. Beiträge zu ihrer sozialen Gestaltung, hg. von *Trutz Rendtorff* und *Arthur Rich*, Zürich 1970, S. 91–103.

1. Zur Definition auch: *H. Ringeling*: Theologie und Sexualität. Das private Verhalten als Thema der Sozialethik, 2. Aufl., Gütersloh 1969, S. 108f. – Der vorliegende Aufsatz setzt Überlegungen fort, die in der Theologia Practica 2 (1970) veröffentlicht worden sind: Verfaßte Kirche und distanzierte Kirchlichkeit. Zur Diskussion um die Institutionalisierung der Dauerreflexion.
2. *I. Kant*, Werke Bd. 9, Darmstadt 1968, S. 53.
3. *Trutz Rendtorff*: Christentum außerhalb der Kirche. Konkretionen der Aufklärung, Hamburg 1969, S. 14. Zur Systematik vgl. auch: *T. Rendtorff*: Kirche und Theologie, Gütersloh 1966.

vor seiner spezifischen, in der bürgerlichen Struktur seiner Anfänge begründeten Gefahr: daß »die Distanz zur Sache, die der Herr durch den Beherrschten gewinnt«, mit Hilfe der Distanz des Subjekts zum Objekt als technokratische Systemherrschaft vollstreckt wird. HORKHEIMER/ADORNO, die eindringlich diese Apotheose der Aufklärung analysiert haben, geben selbst den Hinweis, daß die kritische Rationalität nur kritisch und somit wahr bleibt, wenn sie die unabschließbare Anstrengung einer – nach HEGEL – *bestimmten*, nicht totalen Negation auf sich nimmt. Solche Dialektik »verwirft die unvollkommenen Vorstellungen des Absoluten, die Götzen, nicht wie der Rigorismus, indem sie ihnen die Idee entgegenhält, der sie nicht genügen können«. Sie knüpft vielmehr ihre Hoffnung nach dem Vorgang der Religion Israels »einzig ans *Verbot*, das Falsche als Gott anzurufen, das Endliche als das Unendliche, die Lüge als Wahrheit«[4].

Mit anderen Worten wird hier die selbstkritische Kraft des Denkens gerettet, indem die Stelle Gottes offengehalten wird; der Mensch kann sie weder besetzen noch auch anders aussagen als über die Negation seines selbstmächtigen Strebens nach Vollkommenheit. Positiv umschrieben heißt das hingegen, daß gerade der christliche Beitrag zur Aufklärung, wie TRUTZ RENDTORFF bemerkt, in der Vermittlung einer Wirklichkeitserfahrung besteht, für welche »Gott das letzte Wort in Ansehung des eigenen Lebens« ist, das innere Sinnzentrum, wie er sagt, dessen Verlust auch den Verlust der neuzeitlichen Lebenswelt nach sich ziehen müßte. Es bewahrt das Ganze des individuellen Lebens, indem es sich gegen die prinzipielle Rücksichtslosigkeit menschlicher Selbstverwirklichung wendet[5]. Das ist ein erster Fingerzeig auf die Tatsache, daß für die moderne Gesellschaft das Bedürfnis nach einer gebrochenen Emanzipation konstitutiv ist. Bevor dem jedoch weiter nachzugehen ist, wird eine zweite

4. *Max Horkheimer und Theodor W. Adorno*: Dialektik der Aufklärung (1944), Frankfurt a. M. 1969 (Hervorhebungen von mir). – Es bedarf kaum ausdrücklicher Erwähnung, daß die hier sich andeutende Thematik im theologischen Werk *Heinz-Dietrich Wendlands*, dem dieser Aufsatz gewidmet ist, vielfache Entfaltung gefunden hat.
5. *T. Rendtorff*: Christentum außerhalb der Kirche, a. a. O., S. 74.

Überlegung zum Zusammenhang von kritischer Religiosität und kritischer Rationalität notwendig.

Kritische Religiosität ist eine Form von kritischer Subjektivität, wie vorauszusetzen war, Subjektivität aber, so ergab sich bereits, ist als wahrhaft vernünftige ein kritisches Prinzip, das für sich nicht beanspruchen kann, produktiv zu sein, indem es ohne Selbstranszendenz – »voraussetzungslos« – die Kultur des Mernschen schafft. Die Wahrheit ist sie vielmehr nur, indem sie die Funktion des Gewissens gegenüber den maßgeblichen Gestalten des objektiven Geistes wahrnimmt und auf solche Weise für sich bestimmt und verantwortet, was gelten soll, weil es einleuchtet. Wo sie mehr sein will, wird sie selbst schon dogmatisch. Für den Begriff der kritischen Religiosität deutet das auf einen Sachverhalt hin, der ihre eigentümliche Ambivalenz in der Gegenwart ausmacht. Man wird THOMAS LUCKMANN darin recht geben müssen, daß die subjektive Religiosität, hebt man sie von ihrer konkreten Verwirklichung ab, »das gesellschaftlich bestimmte Transzendieren der biologischen Natur« ist und sich aufgrund dessen »subjektiv als reflektierendes Identitätsbewußtsein erweist«[6]. LUCKMANNS Definition, die subjektive Ausprägung der jeweils gesellschaftlich und geschichtlich vorgeformten Weltsicht und Wertordnung bezeichne die metahistorische und universale Form der Religion, deckt sich durchaus mit dem Begriff privater Religion, den die christliche Aufklärung ausgebildet hat. Es gehört aber eben auch zum Begriff dieser Religion, daß sie an ihrem historischen Gegenstand blieb, nämlich die kritische Bindung an die öffentliche Religion nicht verleugnete, so daß sie die innere Seite einer – wie T. RENDTORFF sie genannt hat – distanzierten Kirchlichkeit darstellte.

In der Gegenwart jedoch ist ein Ablösungsprozeß im Gange, der hinsichtlich des Begriffs der Religion überhaupt zu den bekannten Definitionsschwierigkeiten führt. Mit HANS BLUMENBERG zu sprechen, findet eine »Umbesetzung vakant gewordener Positionen von Antworten, die sich hinsichtlich der ihnen korrespondierenden Fragen

6. *Thomas Luckmann*: Das Problem der Religion in der modernen Gesellschaft, Freiburg i. Br. 1963, S. 47.

nicht eliminieren ließen«[7], statt. Das heißt: Offensichtlich findet das Potential religiöser Bindungsfähigkeit des einzelnen Menschen, das T. Luckmann vermutet, für eine wachsende Zahl von Zeitgenossen keinen ansprechenden Widerhalt mehr im kirchlich dargebotenen Christentum, während sie dennoch die in seinem Kulturkreis ausgeprägte und überlieferte Kernfrage nach Sinn und Ganzheit individueller Existenz nicht preisgibt. Im Gegenteil, unter dem Eindruck der sozialen Situation jener Vollstreckung des schlechten Nachlasses der Aufklärung, von der sogleich weiter zu handeln sein wird, drängt sich die Sorge um die Individualität stärker denn je in den Vordergrund der Reflexion und verursacht sowohl ein zauderndes Festhalten an der Kirche als auch jene vage Suche nach einer neureligiösen Sinnstiftung, wie T. Luckmann sie wohl zutreffend beobachtet hat. Die Unsicherheit der Definitionsversuche – ob es sich bei dem Übergang nämlich um unbegriffenes Christentum, um dessen Säkularisierung oder um entstehende Neureligion handelt – spiegelt lediglich die Unsicherheit des einzelnen gegenüber dem »Angebot« relativierter Ordnungsprinzipien[8]. Das führt zu einer dritten Überlegung.

Kritische Religiosität ist ein Ausdruck der Sorge des einzelnen um seine Identität; von dieser Sorge wird er nicht mehr durch die selbstverständliche Teilnahme am kirchlichen Leben entlastet. Dietrich Rössler hat bei der Beschreibung einiger Formen heutiger Frömmigkeit auf die folgenreiche Tatsache hingewiesen, daß sich die neuzeitliche Frömmigkeit, weil sie ein Ausdruck der Individualität ist, entscheidend von der integrierten Religiosität der Zeit vor der Mitte des 18. Jahrhunderts abhebt[9]. Die Distanz zwischen dem objektiven und dem subjektiven Lebenszusammenhang bedeute, daß Frömmigkeit zu einer Leistung wird, »der nämlich, der eigenen frommen Erfahrung adäquaten Ausdruck zu geben, sei es im Gedanken, im Wort

7. *Hans Blumenberg*: Die Legitimität der Neuzeit, Frankfurt a. M. 1966, S. 41 f.
8. *T. Luckmann*, a. a. O. S. 57 ff.
9. *Dietrich Rössler*: Religion und Frömmigkeit im großstädtischen Leben, in: Zeitschrift für praktische Psychologie, 5.–6. Jahrgang, 1965/66, S. 200–206.

oder im Handeln«. Nun zeigt RÖSSLER zwar auf, daß es auch heute noch jene »gebundene Frömmigkeit« als stabile Kirchlichkeit gibt, sie befinde sich jedoch im Auflösungsprozeß. Dieser lasse hingegen zwei Tendenzen erkennen: eine »Entwicklung nach oben« und eine »Entwicklung nach unten«. Die nach oben führe in den Kreis der individuellen Religiosität hinein, deren Merkmal die distanzierte Kirchlichkeit ist, jene andere aber zerfalle zu einer »Frömmigkeit ohne Ausdruck«. Zwar werde auch hier die Teilnahme an einigen kirchlichen Handlungen zumeist noch aufrechterhalten, aber das bleibe »ohne erkannte Beziehung und ohne eigentliche Leistung für den einzelnen Menschen«. D. RÖSSLER folgert daraus, daß der Kirche eine doppelte Aufgabe zukomme: Sie müsse der individuellen Frömmigkeit einen Spielraum verschaffen und dafür Möglichkeiten neuer, selbständiger und nicht nur tradierter Gestaltungen suchen; sie müsse sodann hinsichtlich der ausdruckslosen Frömmigkeit für eine Bildung sorgen, welche die soziale Voraussetzung für die vom einzelnen geforderte Leistung allererst bietet: ein Mensch zu sein.

Individuelle Frömmigkeit, kritische Religiosität also, ist nach RÖSSLER weithin identisch mit Bildungsfrömmigkeit. Seine Beobachtungen lassen sich vielfach bestätigen. J. M. LOHSES Formel von der Individualisierung kirchengemeindlicher Beziehungsmuster als Ergebnis einer regional begrenzten kirchensoziologischen Studie wird allgemeine Bedeutung zukommen; trotz entgegenstehender Theorien und eines korrespondierenden »Gefühls der Defizienz und des Unbehagens«, das D. RÖSSLER im Hinblick auf die Teilnehmer, J. M. LOHSE im Hinblick auf die Veranstalter des kirchlichen Betriebs registrieren, stützt die Kirche bereits, wie sie ist, die Entwicklung nach oben zu einer – so LOHSE – »individuellen Teilnahme bei individueller Distanzbestimmung«[10]. Und auf der anderen Seite belegen Untersuchungen der religiösen Ausdrucksfähigkeit wie besonders die von HORST GLOY jene Entwicklung nach unten zu einem erschreckenden religiösen Verständnisschwund bei noch »geleisteter« Repetition von

10. *Jens Marten Lohse*: Kirche ohne Kontakte? Beziehungsformen in einem Industrieraum, Stuttgart und Berlin 1967, S. 180.

Sprachhülsen der kirchlichen Überlieferung[11]. Das alles wird in der Tat zum Appell an die Kirche, die kritische Religiosität zu akzeptieren und ihre Leistung zu ermöglichen, sie als distanzierte Kirchlichkeit zu institutionalisieren. Aber eben: Die Linien der beiden Tendenzen sind über den Umkreis abgestufter kirchlicher Teilnahme hinauszuziehen, sie weisen – beide – auf eine umfassende Entwicklung zu einer Religiosität in radikaler Kritik am kirchlich vermittelten Christentum. Das aber wird erkennbar, sobald man den politischen Aspekt der Bildung als Bedingung kritischer Religiosität ins Auge faßt. H. GLOY tut das, wenn er am Beispiel der Berufsschüler den Blick auf eine allgemeine Horizontverengung bei diesen Jugendlichen hinlenkt, durch welche die religiöse Dimension verschlossen bleibt; an ihrer Unfähigkeit, »sich selbst auszudrücken«, werde sichtbar, «wie sehr Sprachverlust Ausdruck und Mitursache eines inneren Wirklichkeitsverlustes ist«[12]. Das erfordert eine vierte Überlegung.

Kritische Religiosität hat ihren geschichtlichen Ort in einer kritischen Öffentlichkeit der bürgerlichen Gesellschaft; ihr Zerfall in der wissenschaftlich-technologischen Gesellschaft der Gegenwart verändert ihre wesentliche Voraussetzung: die Autonomie des Menschen. JÜRGEN HABERMAS hat den entscheidenden Vorgang als Repolitisierung der Privatsphäre kenntlich gemacht[13]. In der bürgerlichen Gesellschaft begründete die Verfügung über privates Eigentum die Autonomie der Privatleute. Die rationale Diskussion, durch welche eine kritische Öffentlichkeit sich herstellte, basierte mithin bereits auf Macht, oder anders: sie hatte als Aufklärung die Funktion, die potentiell schon gewährleistete Freiheit des einzelnen räsonnierend gegen Vormundschaft und Fremdherrschaft abzuschirmen, zu verteidigen, durchzusetzen. Das gilt auch für den besonderen Bereich der parochialen Öffentlichkeit; die kritische Selektion von Werten aus dem

11. *Horst Gloy*: Die religiöse Ansprechbarkeit Jugendlicher als didaktisches Problem, dargestellt am Beispiel des Religionsunterrichts an der Berufsschule, Hamburg 1969.

12. A. a. O. S. 243.

13. *Jürgen Habermas*: Strukturwandel der Öffentlichkeit, Neuwied 1962.

Bestand der Tradition diente primär zur Apologie der bürgerlichen Freiheit. Das ändert sich, seit aus dem – wie J. HABERMAS es ausdrückt – kulturräsonnierenden das kulturkonsumierende Publikum geworden ist. Die genuine Autonomie der bürgerlichen Privatheit verkehrt sich in die Scheinprivatheit jener abgeleiteten »Autonomie« zwischen den Institutionen, von denen T. LUCKMANN spricht, eine ohnmächtige Position unter dem Diktat organisierter Interessen, die den einzelnen ums Ganze bringen, während sie ihm den Verzicht auf sinnhafte Freiheit mit dem Warenkatalog sich ausbreitender Freizeit vergüten; das ist oft genug beschrieben worden [14]. Die Pointe für das Thema der kritischen Religiosität liegt in der Tatsache, daß ihre Leistung durch die Ohnmacht des Individuums einerseits erschwert, andererseits aber radikalisiert wird.

Die Erschwerung ist eine Folge dessen, daß im Umkreis der Unbildung, wie H. GLOY herausgearbeitet hat, die subjektiven Voraussetzungen für das religiöse Verstehen, das heißt aber doch für die wache Frage nach der eigenen Identität verkümmern, und zwar eben nicht aufgrund eines Mangels an Wissen, der »technisch« zu beheben wäre, sondern wegen der uneingestandenen Ohnmacht, der nur politisch abgeholfen werden kann. ARNOLD GEHLEN hat ganz recht, wenn er das geflügelte Wort von der korrumpierenden Macht so ergänzt wissen möchte: Machtlosigkeit korrumpiert, und absolute Machtlosigkeit korrumpiert absolut [15]. Daher ist es kein Wunder, wenn sich gegenwärtig eine Pseudoreligiosität ausbildet, wie T. LUCKMANN sie schildert, die zwar die Tendenz zur Selbstverwirklichung und Selbstdarstellung beibehält, aber auf der unkritischen, bewußtlosen Suche nach Surrogaten in der entfremdeten Privatsphäre [16].

Die Radikalisierung hingegen ist das genau entsprechende Ergebnis der politischen Erweckungsbewegung, die im Umkreis der Bildung

14. Zum Ganzen vgl. auch *H. Ringeling*: Theologie und Sexualität, A. a. O.
15. *Arnold Gehlen*: Moral und Hypermoral. Eine pluralistische Ethik, Frankfurt a. M. und Bonn 1969, S. 114.
16. *T. Luckmann*, a. a. O. S. 68.

unter der Jugend aufgekommen ist und über die globale Kommunikation der Intellektuellen ein »kohärentes Gesamtbewußtsein« vermittelt, »eben durch jene interessierte Vernunft, die allein durch die Köpfe der politisch aufgeklärten Bürger hindurch praktische Gewalt erlangen kann»[17]. Was J. HABERMAS, der zitiert wurde, zur Überwindung einer theorielos-sozialtechnisch funktionierenden Rationalität fordert, scheint sich schon zu verwirklichen. In der Tat wächst die Einsicht, daß die Autonomie der Privatleute »als eine von öffentlichen Statusgarantien derivierte Autonomie nur zu verwirklichen (ist), wenn die ›Menschen‹ (nicht mehr als bourgeois wie früher, sondern) als citoyens vermittels einer politisch fungierenden Öffentlichkeit diese Bedingungen ihrer privaten Existenz selbst in die Hand bekämen«[18]. Indessen bleibt doch nicht nur die Tiefenwirkung dieses neuen Bewußtseins zweifelhaft, ob nämlich echtes politisches Interesse dauerhaft auch »unten«, im Umkreis der Unbildung, erweckt werden kann oder auf die »oberen« Schichten begrenzt bleibt. Wichtiger ist vielmehr der Ort der Kritik im Bereich der sozialen Ohnmacht, »außerhalb« von institutionellen Machtpositionen. A. GEHLEN hat in seinem jüngsten Buch so scharfsinnig wie bissig die ideologischen Implikationen solcher Gesellschaftskritik aus Ohnmacht analysiert[19]. Seine Polemik gegen das, was er den Humanitarismus der Intellektuellen nennt, trifft den wunden Punkt: Anders als die rationale Diskussion des Bürgertums verteidigt die neue Kritik nicht eine private Autonomie, die sich als bestimmter politischer Stand einrichtet, sondern eine solche, die sich nurmehr in der Privatheit darzustellen vermag und aufgrund dieser Ohnmacht ein scheinpolitisches Vorverständnis ausbildet, für welches Institutionen lediglich mit ihrem Zwangscharakter, der die Freiheit des einzelnen beschränkt, in Betracht kommen.

Das Ziel muß dann sein: die Entinstitutionalisierung der Gesellschaft oder, anders ausgedrückt, die Aufhebung der politischen in die priva-

17. *J. Habermas*: Theorie und Praxis (Politica Bd. 11), Neuwied 1963, S. 233.
18. *Ders.*: Strukturwandel der Öffentlichkeit, a. a. O. S. 179.
19. a. a. O.

te Lebenswirklichkeit. Das ist schlechte, ideologische, weil absolute Utopie[20]. Sie steht in einer solchen Spannung zur Realität, daß sie nicht zu verwirklichen ist; die kritische Subjektivität verliert sich an die totale Negation des Bestehenden und schlägt um in Resignation, auf diese Weise im zweideutigen Einverständnis mit dem apolitischen Konsumententum, das beseitigt werden soll. Von beiden Seiten wird so auf politische wie kulturelle Institutionen ein Druck ausgeübt, der sie auch verunsichert und zurückweichen läßt; die Grenzen der privaten Freiheit werden hinausgeschoben, jedoch ohne die Struktur der Institutionen ethisch wirksam zu verändern. Ausnahmen sind hingegen kommunikationsintensive Institutionen wie besonders die Kirchen, und hier eben liegt die Pointe für das Thema der kritischen Religiosität: sie wird zum Pathos der radikalen Sorge um den Menschen in der modernen Gesellschaft und so zum Grund für die enttäuschten Gebildeten unter den Christen, sich neu zu orientieren: im Niemandsland zwischen Kirche und Gesellschaft.

II.

Christlicher Humanismus in der Gegenwart ist identisch mit dem Realismus des Interesses an der Individualität; erst mit dieser Feststellung kommt die sozialtheologische Bedeutung der kritischen Religiosität ganz ins Blickfeld. Die Frage hingegen, ob nicht (auch) die Theologie jenes innerweltlich gemeinte Interesse, welches die Geschichte des Christentums hervorgetrieben hat, aufgeben könnte, um sich nurmehr dem ewigen Heil des Menschen zu widmen, wäre müßig. Hinter die Aufklärung gibt es kein Zurück. Das heißt nicht nur, daß eine Theologie, die sich dem Protest der Subjektivität gegen unnötig gewordene Einschränkung der individuellen Freiheit verschließen würde, irrelevant wäre, weil sie die noch auf sie – oder auf die an ihr orientierte Kirche – gerichteten Erwartungen enttäuschen müßte. Sie befände sich vielmehr im Unrecht, weil sie tatsächlich die

20. Zum Begriff vgl. *Karl Mannheim*: Ideologie und Utopie, 2. Aufl. 1952.

Ohnmacht des einzelnen durch die schlechte Aufklärung verstärken, ja auch, wie zu zeigen war, die religiöse Ansprechbarkeit, an der ihr gelegen wäre, selbst verhindern würde. In der modernen Gesellschaft ist Neutralität in den zeitlichen Dingen nicht möglich; die Kirche hat teil an dem politischen Dilemma einer bodenlosen Autonomie, für deren Verwirklichung nach HABERMAS wie auch LUCKMANN die soziale Grundlage noch fehlt[21].

Die erste Bedingung, die sich der Theologie von daher stellt, verlangt die Umkehr der kirchlichen Sinnstruktur. Um den christlichen Humanismus zu begründen, ist es notwendig, die distanzierte Kirchlichkeit zu legitimieren. J. MATTHES hat recht, wenn er die Vermutung äußert, daß das Hauptproblem der gesellschaftlichen Stellung der Kirche »gar nicht so sehr auf der organisatorisch-strukturellen Ebene liegt, sondern auf der Ebene der noch zur Verfügung stehenden Verständigungsmöglichkeiten zwischen denen, die die Kirche als System repräsentieren, und denen, die zu dieser Kirche nominell gehören und ja ganz offensichtlich nicht bereit sind, trotz aller mangelnden Teilnahme, aus dieser Kirche auszuscheiden«[22]. Was MATTHES die »Revision der Verständigungsproblematik« nennt, bedeutet in der Tat den ersten Schritt auf jene zu, die von der Kirche selbst aufgrund der allgemein geltenden Identifizierung von Christlichkeit mit Kirchlichkeit ins Abseits gedrängt worden sind. Man könnte auch fragen, fügt MATTHES hinzu, warum diese Menschen eigentlich mehr erwarten sollten, als was ihnen zum Vorwurf gemacht wird, nämlich nur noch die Ritualisierung bestimmter Lebensabschnitte; »die Kirche würde ja auf die Mehrerwartungen kaum adäquat antworten können«.

Das aber ist ein Hinweis auf die Reichweite dieses ersten Schritts: Er

21. Vgl. *J. Habermas*: Strukturwandel der Öffentlichkeit, a. a. O. S. 179; *T. Luckmann*, a. a. O. S. 68.

22. *Joachim Matthes*: Die gesellschaftliche Rolle der Kirche in der Bundesrepublik Deutschland, in: Die gesellschaftliche Dimension der Theologie, Loccumer Protokolle 23 (1968), Pressestelle der Evang. Akademie Loccum. J. Matthes beschränkt hier seine Aussage auf die Bundesrepublik Deutschland; zum Gesamtproblem s. *ders.*: Religionssoziologie I/II (rde), Hamburg 1967/69.

geht auf die Anerkennung derjenigen Lebensprobleme, welche die als christlich rehabilitierten Individuen infolge ihrer zeitlichen Daseinsverfassung aufwerfen, in ihrer theologischen Relevanz. Der kritischen Religiosität, anders gesagt, würde das Recht zurückerstattet, an der Gültigkeit der theologischen Tradition in standortbedingter Verneinung zu zweifeln und so die Theologie zur Redefinition ihrer Lehre und Verkündigung zu veranlassen. Umkehrung der Sinnstruktur bedeutet also nicht weniger, als daß die Kirche sich in der Theorie zu dem bekehrt, was sie in der Praxis vielfach schon ist: nämlich zur Antithese der herrschenden Meinung über sie. Kirche ist nicht die autoritäre Sammelstelle der Christen »unter dem Wort«, sondern fundierende Sprachhilfe für die zeitbedingte Aussage der Wahrheit. Hier aber kommt nun eine zweite Bedingung in Sicht, die verhindern muß, daß aus dem Fortschritt in Richtung auf eine Liberalisierung von Theologie und Kirche unversehens ein Rückschritt wird.

Hinter die Aufklärung gibt es kein Zurück, so war zu sagen. Das heißt aber auch, daß es keine vernünftige Möglichkeit mehr gibt, dem allgemeinen Medium der Subjektivität, nämlich der Dauerreflexion, wie HELMUT SCHELSKY sie genannt hat, scheinbar unabänderlich vorgegebene Positionen der Theologie zu entziehen. Sosehr sie sich auch kraft ihrer Evidenz behaupten mögen, beinhaltet doch bereits eben diese Evidenz vor dem Forum der kritischen Vernunft, daß sie sich wirklichkeitsgerecht erweisen müssen und somit prinzipiell revidierbar bleiben. Diese grundsätzliche Aufhebbarkeit von Satzwahrheiten, oder anders nach einem Vortrag D. RÖSSLERS über »Positionelle und kritische Theologie« gesagt, die Widerlegung der Eindeutigkeit systematischer Standpunkte durch ihre Herkunft aus der freien Theologiekritik selbst verändert, wie SCHELSKY zutreffend feststellt, die Glaubensform; positionsbedingte geistige Entscheidungen als »Glauben« zu bezeichnen, »ist inferior geworden, auch in der Religion«[23]. Dennoch ist es fragwürdig, mit der Berufung auf die re-

23. *D. Rösslers* Vortrag wurde auf dem Europäischen Theologenkongreß in Wien 1969 gehalten; er ist erschienen in: Evangelische Kommentare 3 (1970). – *Helmut Schelsky*: Ist die Dauerreflexion instituionalisierbar?

lativierende Theologiekritik *heute* mit ERNST TROELTSCH nach dem Vorgang RICHARD ROTHES jenes »Minimum von Kirche« zu postulieren, Volkskirchen als Gehäuse, »in denen jetzt friedlich die verschiedenen christlichen Geister wohnen und wirken können« und wo sich dann »der große Gedanke einer gemeinsamen historischen Lebenssubstanz, die in allen Gemeindebildungen und Verkündigungen nur besondert und verflüssigt wird«, erhalten kann[24].
Zwar wird eine solche theologiekritische Liberalität dem »kategorialen Gegenwartsanliegen« (H. SCHELSKY), das die Dauerreflexion darstellt, gerecht, diese aber ist in der Situation der unsicheren Autonomie in der Privatsphäre ihrerseits zweideutig. Wie nämlich die rationale Diskussion des Bürgertums eine Funktion der Selbstbehauptung des Standes war, so stützt die Dauerkommunikation von Meinungen, indem sie zur Funktion der Ohnmacht des einzelnen wird, das Bestehende als Technokratie. A. GEHLEN hat das beschrieben: »die Sanktionierung des Daseienden aus dem Grunde des Daseins«, die Verbreitung eines »Ethos der acceptance« in der Folge des widerstandslosen Geltenlassen-Müssens von allem und jedem[25]. Aber eben: weil sich hinter der Liberalität im Privaten keine Macht verbirgt, die sich verteidigt, lenkt sie von der politischen Alternative ab; das bestrittene Gesellschaftssystem etabliert sich zuletzt kraft derselben Toleranz. Auf der höheren Ebene jedoch der eigentlichen Dauerreflexion, wie SCHELSKY sie meint, spiegelt sich das theorielos Bestehende in der Gnosis des Gebildeten, der vor dem stahlharten Gehäuse der Gesellschaft in die absolute Innerlichkeit ausweicht[26]. Die Kirche würde aber zu einem bloßen Sammelbecken der politisch frustrierten Subjektivität, sie würde nur den religiösen Ausweg aus dem Dilemma der Emanzipation unbewußt organisieren, wenn sie der Li-

(1957), in: *ders.*: Auf der Suche nach Wirklichkeit, Düsseldorf und Köln 1965, S. 257.

24. *Ernst Troeltsch*: Die Soziallehren der christlichen Kirchen und Gruppen (Nachdruck der Ausgabe von 1922), Aalen 1965, S. 982 f.
25. *A. Gehlen*, a. a. O. S. 143 ff.
26. Vgl. meinen Aufsatz: Verfaßte Kirche und distanzierte Kirchlichkeit, a. a. O.

beralität keine eindeutig-politische Orientierung zu geben vermöchte. Sie muß also, das wäre die Bedingung der kritischen Religiosität, auf jenes »kohärente Gesamtbewußtsein« bezogen werden, das noch nicht da ist, sich intentional aber ausbildet. Hier stellt sich hingegen eine dritte Bedingung.

Die in der wissenschaftlich-technischen Zivilisation mitinstitutionalisierte Intention auf ein emanzipatorisches Gesamtbewußtsein könnte in einem entsprechenden Consensus fidelium seinen kritischen Widerhalt finden. Das ist ein utopisches Postulat, aber im Sinne einer »Realutopie«, wie HEINZ-DIETRICH WENDLAND sie beschreibt, wenn er von einem »geschichtlichen, also auch realisierbaren Leitbild, nicht von einer irrealen Utopie, von einem Leitbild, das seinen Realansatz in der geschichtlichen Wirklichkeit hat, sowohl in den positiven Möglichkeiten, die sie in sich birgt, als auch in ihren Notständen und Negativitäten«, spricht. Der Leitbildbegriff wäre allerdings mißverstanden, wenn er nicht zugleich, wie H.-D. WENDLAND es getan hat, dem christlichen Humanismus zugeordnet würde[27]. Der utopische Ort der Kirche würde gerade verfehlt, wenn er auf eine Variante des radikalen Humanitarismus hinauskäme, den sinnlosen Versuch nämlich, das private Ethos der Gemeinde als Muster des politischen auszugeben[28]. Von Bedeutung für die kritische Religiosität ist die Kirche nur dann, wenn sie, ohne Vormundschaft zu üben, eine meta-politische Institution ist. Worauf es ankommt, ist vielmehr die Orientierung der Kirche an dem, was H.-D. WENDLAND in immer erneuten Ansätzen zur Definition die »weltliche Christenheit« genannt hat. Sie ist die »Kirche im Überschritt zur Welt«, der »Ort, an dem diese sozialtheologischen Begriffe entstehen«, sie ist aber stets auch in der »Gefahr der inneren Auszehrung«, sie wird vom Unglauben angegriffen, der seinerseits in den verschiedensten ideologischen Formen auf die *Scheidung* von Kirche und Gesellschaft, auf die Auflösung der Verbindung ausgeht«[29].

27. *H.-D. Wendland*: Die Kirche in der revolutionären Gesellschaft, Gütersloh 1967, S. 93 (Kirche und Revolution).
28. Vgl. auch die berechtigte Kritik *A. Gehlens*, a. a. O. S. 134 u. ö., an der barthianischen Dialektik.
29. *H.-D. Wendland*: Botschaft an die soziale Welt, Hamburg 1959, S.

Das ist der bestimmte Ort der Utopie, den die Kirche einzurichten vermag; seine Charakteristik weist ihn als den ambivalenten Ort der kritischen Religiosität aus. Das heißt aber auch, daß er nicht einseitig kirchliches Ethos in die Gesellschaft vermittelt, sondern seine sozialtheologische Bedeutung erst gewinnt, wenn er zum Ort der ethischen Transformation nach *beiden* Seiten hin wird. Durch ihn steht die Gesellschaft in die Kirche und die Kirche in die Gesellschaft hinein. Sofern sich aber der Einzugsbereich der »weltlichen Christenheit« auf Menschen erstreckt, die *innerhalb* der institutionellen Machtpositionen angetroffen werden, ist er zugleich der Bereich einer unverstellten Erfahrung der politischen Realität hinsichtlich ihrer Grenzen und Chancen für die Verwirklichung von Humanität als politischem Ethos des Christentums. Ihr vorgegebener Wirklichkeitsbezug kann dem konkreten Ziel dienen, durch differenzierende Kritik des Bestehenden sozusagen Freiheit in Strukturen einzuräumen. Die doppelseitige Ausrichtung auf die sozialen Institutionen und auf die Kirche im kritischen Abstand von ihnen bewirkt hingegen nichts anderes, als daß an dieser Stelle – gewiß nur partiell, aber doch nicht wirkungslos – kritische Öffentlichkeit wiederhergestellt wird. Das deutet auf eine vierte Bedingung für die Verhältnisbestimmung von Kirche und Gesellschaft hin.

Kritische Religiosität erfordert kirchliche Liberalität, aber genauer nun als die Liberalität einer handlungsorientierten Kirche. Die Theologie hat deshalb die Aufgabe, ihre Tradition so zu erschließen, daß sie für den Kommunikationszusammenhang der kirchlich-sozialen Öffentlichkeit Kategorien christlicher Wirklichkeitserfahrung bereitstellt, ein Praxiswissen, das – so J. Habermas – »zur hermeneutischen Klärung des Selbstverständnisses handelnder Subjekte verhilft«[30]. Dies allerdings so, daß über die weltliche Christenheit jene »mittleren Axiome« John Oldhams oder »Maximen sozialer Entscheidung« Arthur Richs gewonnen werden können, ein «Ensem-

138f; *ders.*: Die Kirche in der revolutionären Gesellschaft, a. a. O. S. 72 (Über die Einheit von Kirche und Gesellschaft).

30. *J. Habermas*: Gegen einen positivistisch halbierten Rationalismus, in: Kölner Zeitschrift für Soziologie und Sozialpsychologie, 1964/4, S. 654.

ble von Handlungsdirektiven für die Gestaltung der nächsten, überschaubaren Zukunft« – wie es nach H.-D. WENDLAND in dem ökumenischen Zielbild einer »Verantwortlichen Gesellschaft« exemplarischen Ausdruck gefunden hat –, für welches sich »wissenschaftstheoretisch die hermeneutische Reflexion der Tradition mit der erfahrungswissenschaftlichen Analyse und Beurteilung der Gegenwart und ihrer Trends zu verbinden vermag«[31].
Grundlegend ist hingegen für die Selbstklärung solcher pragmatischen Subjektivität, daß sich noch vor jenen sozialethischen Planungen und Entscheidungen ein zwar partielles, jedoch eben kohärentes Bewußtsein herstellt[32]. Auch in diesem gleichgestimmten Zusammenhang wird die Dauerreflexion nicht eingeschränkt, wohl aber vollzieht sich durch ihren Rückbezug auf das kirchlich vermittelte Christentum eine Umprägung zur Glaubensform in der Weise, daß sich das Interesse an der Individualität, deren Ausdruck sie ist, wesentlich verändert. Genauer noch, es wird in ein realistisches Verhältnis zur sozialen Wirklichkeit gebracht, weil der Wille zur Selbstverwirklichung im Kontext der christlichen Erfahrungsgeschichte

31. Zitiert wurde *Christian Walther* nach einem unveröffentlichten Arbeitspapier mit dem Titel: Sozialethik – Wissenschaftstheoretische Anmerkungen zu einem jungen theologischen Fachgebiet. Vgl. auch die zusammenfassende Darstellung der Theologie H.-D. Wendlands und A. Richs bei *Chr. Walther*: Theologie und Gesellschaft, Zürich und Stuttgart 1967.
Ähnliche Thesen zur Sozialethik wie die vorgetragenen vertritt auch *Karl-Fritz Daiber*: Die Bedeutung der Soziologie für Theologie und Kirche, in: Theologica Practica 4/1969. Daiber sieht entsprechend dem Begriff der Realutopie eine mögliche Aufgabe der christlichen Sozialethik in der »Entwicklung von Utopien mittlerer Reichweite«. Nicht zuletzt sei hingewiesen auf die vielfach vergleichbaren »Sozialethischen Bemerkungen zum Verhältnis von Vernunft und Moral« von *Christian Gremmels*: Zur Hegung der Vernunft, in: Zeitschrift für Evangelische Ethik 6/1969.
32. Vorgang und Funktion einer solchen Bewußtseins-Wirklichkeit analysieren *Peter Berger und Thomas Luckmann*: Die gesellschaftliche Konstruktion der Wirklichkeit, Frankfurt a. M. 1969.

gebrochen wird. Er wird sozusagen gekreuzigt, was aber nicht bedeutet, daß dem Willen zur Emanzipation das Rückgrat gebrochen würde. Vielmehr verschließt das Christentum gerade die bequemen Auswege aus dem Dilemma der politischen Emanzipation, verhindert es ebenso die Verzweiflung wie den Hochmut der totalen Negation, stützt es also dauerhaft das zeitgenössische Ringen um Menschlichkeit dadurch, daß es kategorisch das unbesorgte Tun der Gerechtigkeit gebietet. Indem aber der christliche Begriff der Gerechtigkeit sein »Richtmaß« (H.-D. WENDLAND) an der Liebe Jesu Christi findet, wird aus dieser, wie besonders PAUL TILLICH erkannt hat, in der Korrelation zur kritischen Religiosität die dynamische Kraft des Denkens. In dieser positiven Bestimmung übertrifft es die negative Theologie jener selbstkritischen Aufklärung, von der zu Anfang die Rede war, in der Richtung auf einen christlichen Humanismus in der Gegenwart[33].

33. Vgl. *H.-D. Wendland* zum Verhältnis von Liebe und Recht bzw. Humanität, in: Person und Gesellschaft in evangelischer Sicht, Köln 1965, S. 97ff. – Breitere Ausführungen finden sich in meinem o. g. Buch: Theologie und Sexualität.

*3. Das Menschenbild in der heutigen Theologie**

I. Leib und Seele in biblischer Sicht

Die heutige Theologie betont die *Ganzheit* des Menschen. Die »säuberliche Unterscheidung von Leib und Seele sei heute fragwürdig geworden«, heißt es im »Neuen Glaubensbuch«, einem beachtlichen Versuch katholischer und evangelischer Theologen, gemeinsam den christlichen Glauben darzustellen, und eben auch in der Bibel sei stets der eine, ungeteilte Mensch gemeint – seine *Person*. Und der »Evangelische Erwachsenenkatechismus«, ein Werk der Evangelisch-Lutherischen Kirche, unterstützt diese These, indem er ausführt: »Auch das Neue Testament geht von der Ganzheit und Einheit des Menschen aus. Innerhalb dieser Ganzheit nimmt es – wie schon das zeitgenössische Judentum – bis zu einem gewissen Grade die griechische Unterscheidung von Leib und Seele auf. Von einer Abwertung des Leibes oder gar von Leibfeindschaft kann keine Rede sein.«[1]

In diesen wenigen Sätzen, die zur Einleitung in das Thema dienen sollten, verbergen sich – aber für den Hellhörigen mag das offenkundig gewesen sein – ein paar Hinweise, die den theologischen Forschungsprozeß betreffen. Es gilt auch für diesen wie für alle Geschichtsschreibung, daß jede Generation sich aus ihrem eigenen Antrieb und im Licht ihrer eigenen Erfahrungen und Erkenntnisse um

* Erstmals veröffentlicht in: Seele und Leib – Geist und Materie, *W. Svilar (Hg):* Kulturhistorische Vorlesungen der Universität Bern, Bern 1979, S. 233–250 (Verlag Peter Lang).

1. Das Neue Glaubensbuch, hg. von *J. Feiner* und *L. Vischer*, 1973; Evangelischer Erwachsenenkatechismus, im Auftrag der Katechismuskommission der Vereinigten Evangelisch-Lutherischen Kirche Deutschlands, hg. von *W. Jentsch, H. Jetter, M. Kießig, H. Reller*, Gütersloh 1975.

die Herkunft ihrer Kultur, die Quellen ihres Glaubens bemühen muß. Aus eigenem Antrieb und im Lichte ihrer Erfahrungen und Erkenntnisse, das bedeutet nun aber für das religiöse Verständnis des Menschen: es darf den gesicherten Ergebnissen der heutigen Wissenschaften nicht schlichtweg widersprechen, und es darf dem Lebensgefühl der Zeitgenossen nicht völlig fremd bleiben. Zu den gesicherten Ergebnissen – »gesichert« natürlich nicht gegenüber der weitergehenden Forschung, wohl aber dem begründeten Stande des gegenwärtigen Wissens gemäß – gehört aber die Erkenntnis, daß »der Geist nicht vom Himmel fiel«, daß also die Begriffe Leib, Seele und Geist – wie es der erwähnte Erwachsenenkatechismus formuliert – nicht etwa verschiedene Bestandteile bezeichnen, aus denen der Mensch zusammengesetzt ist und als könnte man sie mit einem Seziermesser sauber voneinander trennen. »Wenn ich Hunger habe, verlangt nicht nur mein Magen, sondern der ganze Mensch nach Speise«, heißt es ebendort. »Die Freude und das Denken betreffen genauso den ganzen Menschen. Leib, Seele und Geist beschreiben ihn jeweils unter einem besonderen Gesichtspunkt. Jeder davon ist eine Tür zum ganzen Menschen.«

So ist es, und dies braucht am Schluß einer Vortragsreihe über »Leib und Seele« nicht mehr weiterbehandelt zu werden. Man kann es vielmehr voraussetzen, und das tut auch die Theologie. Sie geht von der Einsicht aus, daß eine »säuberliche« Unterscheidung von Leib und Seele heute fragwürdig geworden ist. Und sie geht davon aus, daß für unser Empfinden die leibliche Weise, in der Welt und mit den anderen zu sein, viel zu prägend und wichtig geworden ist, um sich noch mit leibfeindlichen Einstellungen zu vertragen, sie auch nur wirklich verstehen zu können.

Das also ist der springende Punkt: Wenn die Wahrheit der Religion nicht auf ein gleichermaßen akademisches wie existentielles Unverständnis stoßen soll, muß sie konstruktiv auf das zeitgenössische Vorverständnis eingehen können. Kann sie es tatsächlich? Die neuere Theologie ist, seit den zwanziger Jahren des Jahrhunderts, mit der für den Glauben und seine Lebendigkeit entscheidenden Frage angetreten, ob sich ein *Gegenstück zur modernen Anthropologie*, ja, ob sich vielleicht gar ein überbietender Beitrag der Religion, der die wissenschaftliche Erkenntnis in einen breiteren Sinnzusammenhang einbeziehen könnte, aus den biblischen Zeugnissen erheben läßt. Ihre These lautete: Auch in der Bibel ist vom »ganzen Menschen« die Rede. Ob diese These sich bewährt hat oder nur eine mühsame Hilfskonstruktion zum Zeitgeist hergibt, ist eine Frage, die wissenschaftlich entscheidbar ist. Und eben: Die heutigen Bibelwissenschaften sind mit großer Einmütigkeit davon überzeugt, daß sie stimmt.

In welcher Weise und auch: mit welchen Einschränkungen die These stimmt, läßt sich neben allerhand Spezialuntersuchungen anhand eines schönen und informationsreichen Buches zeigen, das auch dem theologischen Laien empfohlen werden kann: HANS WALTER WOLFF, *Anthropologie des Alten Testaments* (1973)[2]. Im hebräischen Denken liegen die Wurzeln des christlichen Menschenbildes, auch wenn dieses sich aus Gründen, die noch zu nennen sein werden, später der griechischen Anthropologie geöffnet hat. WOLFF also entschlüsselt die wichtigsten Bezeichnungen, die das *Alte Testament* für den Menschen in seinen verschiedenen Seinsweisen und Lebensverhältnissen verwendet. Man muß es so sagen: Er *entschlüsselt* sie, denn selbstverständlich kann von einer eigentlichen Anthropologie mit einer genau festgelegten Wortbedeutung noch gar nicht gesprochen werden: die Begriffe sind noch nicht von der bildhaften, farbig schillernden Umgangssprache abgehoben. Die Sprache, anders gesagt, ist noch nicht hinreichend in der Lage, Abstraktes auch abstrakt vorzustellen. Die Tatsache zum Beispiel, daß »ich tot bin«, bleibt an die Vorstellung gebunden, daß »meine Seele in der Scheol«, im Totenreich, ist. Damit ist das Auslegungsproblem angedeutet. Was wird gesagt und was ist gemeint, wie würden wir in unserer Sprache sagen, und welche Ungenauigkeit im Verstehen müssen wir dabei in Kauf nehmen?

Nun, WOLFF ist in seiner – wie er es nennt – anthropologischen Sprachlehre – und das genügt hier einstweilen – zwei Grundwörtern zur Bezeichnung des Menschen nachgegangen: Seele (nefesch) und

2. Im folgenden werden vielfach mitherangezogen die Beiträge von *E. Schweizer* zu sarx und soma in: Theologisches Wörterbuch zum Neuen Testament (Kittel), hg. von *G. Friedrich*.

Fleisch (basar). Das erste: »Jahwe Gott« – erzählt der Schöpfungsbericht im 2. Buch Mose (2,7) – »gestaltete den Menschen aus Staub vom Ackerboden und blies in seine Nase Lebensodem; so wurde der Mensch eine lebendige nefesch.« »Was heißt hier nefesch?« fragt WOLFF. »Sicher nicht ›Seele‹. nefesch will zusammengesehen werden mit der gesamten Gestalt des Menschen und insbesondere mit seinem Atem; dabei *hat* der Mensch nicht nefesch, sondern *ist* nefesch, er lebt als nefesch.«

Schon das ist aufschlußreich. Es gilt mit gewissen Abweichungen für die ganze Bibel: Der Mensch hat nicht eine Seele, und er hat auch nicht einen Leib, von dessen sinnlicher Beschaffenheit die Seele, das Ich oder das Selbst sich lösen könnten. Sein Leib, formulierte RUDOLF BULTMANN für das Neue Testament, ist »nicht ein Ding wie Gegenstände der Außenwelt, sondern eben sein Leib, der ihm gegeben und dem er überantwortet ist«[3]. Genauso verhält es sich mit der »Seele« für das hebräische – und es ist bereits hinzuzufügen: immer schon theologisch geprägte – Denken des Alten Testaments. Auch die nefesch ist dem Menschen »gegeben«, und er ist «auf sie angewiesen«. Dies beides gehört zusammen, und das läßt sich allerdings in der bildhaft-konkreten Anschauung viel besser ausdrücken als in unserer abstrakten Sprache, die zur Verdinglichung neigt. »Seele«, biblisch verstanden, ist eben gerade nicht etwas, worüber wir verfügen, was einfach »da« wäre, gar in der übernatürlichen Seinsweise einer ewigen, unzerstörbaren Substanz. Das Gegenteil ist der Fall. WOLFF überschreibt seinen Abschnitt über die Seele mit dem treffenden Titel: »*Der bedürftige Mensch*«. Im Kern nämlich bedeutet Seele die *Gabe des Lebens.* Der Schöpfer haucht den Geschöpfen, Menschen wie Tieren, den flüchtigen Lebensatem ein. Niemand hat das Leben aus sich selbst, noch kann er es eigenmächtig erhalten. Er ist dieses Atems bedürftig, und in seinem Trachten nach Leben erfährt er sich als einzelner. »Seele« ist er daher als Individuum, als eine lebendige Person, die es gleichsam von Natur nach Gott, der Nähe und Zuwendung des Schöpfers, verlangt. Nahe bei ihm ist er der Quelle des Lebens nahe, fern von ihm ist der Tod. Das kann man auch um-

3. Theologie des Neuen Testaments, 3. Aufl., 1958, S. 197.

kehren: Tot sein heißt, fern von Gott sein. Dieser aber ist nicht lebensbedürftig, sondern der Lebendige selbst.
Man sieht, in dieser Sicht menschlichen Wesens sind weitreichende systematische Gedanken angelegt: Leben ist ein Geschenk; das *Bewußtsein der Abhängigkeit* des einzelnen von Voraussetzungen, die ihm entzogen bleiben, bestimmt sein Selbstverständnis. Selbstverwirklichung ist nur denkbar als Gestaltung gegebener Möglichkeiten der individuellen Existenz. Ich muß mich annehmen, das ist das erste, mich in meiner Wirklichkeit gelten lassen, und ich kann mich gelten lassen in einer *Grundhaltung des Vertrauens* – Vertrauen, das ich haben darf, weil es sich auf Gott richtet, der mir Leben zuwendet. Der Realismus dieses Menschenbildes verweist auf eine *religiöse Begründung des Lebens*, die nicht etwa auch fehlen könnte. Ohne das Bewußtsein, leben zu dürfen, wird das Leben-Können unfrei, verkrampft. Das heißt aber: das Leben im biblischen Sinn ist auf das *Lob Gottes* angelegt. WOLFF gibt als Beispiel Psalm 103 an, wo der Beter mit seiner Seele spricht: »Lobe, meine nefesch, Jahwe, all mein Inneres seinen heiligen Namen.« Und WOLFF sagt: Dies kann man, denkt man an das Organ des Lebens, übersetzen: »Lobe, meine Kehle, Jahwe.« Sieht man aber die Gesamtheit des Inneren betont und bedenkt den Anlaß zum Lobe in den Wohltaten Jahwes, die den ganzen Menschen betreffen, so übersetzt man: »Lobe, mein Leben, Jahwe.«
Das Zweite: Fleisch (basar). Ging es bei der Seele um die Innensicht, das Verhältnis des Menschen zu sich selbst auf dem Umweg über sein Gottesverhältnis, so hier nun um das Äußere. WOLFF überschreibt seinen Abschnitt: »*Der hinfällige Mensch*«. Hinfälligkeit ist das Gegenstück zur Bedürftigkeit, Fleisch, Körper, Leib also ebenfalls eine Bezeichnung für das Ganze. Fleisch ist der Mensch ohne wesentliche Besonderheit wie die Tiere; weniger das Individuelle als das Generelle, die Gattung, ist gemeint. »Er ist unser Bruder, unser Fleisch und Blut«, heißt es in der Josefserzählung, und Mann und Frau werden nach Art von Blutsverwandten zu einem Fleisch vereint, das bedeutet: zu einem Körper, einer Lebensgemeinschaft. Gerade diese Vereinigung der Geschlechter, bei der die Frau vom Mann als »Hilfe« und »Gegenüber« begehrt und erfahren wird, ist auch ein Hinweis auf die Schwäche allen Fleisches; alles Fleisch ist wie Gras,

es verdorrt, wenn der Schöpfer seinen Odem abzieht oder auch – um im selben Bild zu bleiben – mit heißem, zornigem Atem hineinbläst (Jes. 40, 6f.). An dieser Stelle tritt ein neuer Bedeutungsgehalt in Erscheinung, der im griechischen Sprachbereich auch zu einer weiteren begrifflichen Unterscheidung führt: Sofern Fleisch (basar) für die körperliche Ganzheit des Menschen steht, wird er von dem griechischen Ausdruck soma wiedergegeben. Die somatische, also leibliche Seinsweise meint dann auch eher die individuelle Gestalt, die Person, die aber eben gerade dadurch zur *menschlichen* Person wird, daß sie sich als ausgeliefert an den Leib erfährt. Anders gesagt: Der Mensch erfährt sich im Verhältnis zu seinem körperlichen, von Schmerz und Leiden geprägten Selbst, er erleidet sich. Wo auf solche Weise der Leib als das »eigentliche Ich« (R. BULTMANN), besser: das »empirische Selbst« (F. BÖCKLE) gesehen wird – ich bin mein Leib –, da eröffnet das nun allerdings auch bereits die Möglichkeit, daß der Mensch sich von sich selbst distanzieren kann; der Leib kann getötet und er wird dereinst verwandelt werden, während die Seele zu überdauern vermag. Bedeutsam bleibt aber für die gesamte Bibel im Unterschied zu einem platonischen Dualismus, daß der Mensch nicht nur inkarnierte Seele, sondern *beseelter Leib* ist.
Systematisch formuliert ergeben sich aus diesen Beobachtungen zwei für das Christentum heute grundlegende anthropologische Einsichten. Die erste besagt, daß die *Eigenart des Menschen*, dasjenige also, was ihn noch ganz unabhängig von seinem religiösen Selbstverständnis zum Menschen macht, die bewußt zu ergreifende Fähigkeit ist, sich zu seiner leiblichen und das heißt: zu seiner Erleidensgestalt zu verhalten. Wo diese Fähigkeit erlischt, sich zu sich selbst als einem endlichen, sterblichen Wesen zu verhalten und darin gleichsam Stand zu fassen, da kann vom Menschen im eigentlichen Sinn nicht mehr die Rede sein. Die zweite Beobachtung besagt indessen, daß eine leibfeindliche Einstellung nach biblisch-christlicher Auffassung mit einer Feindschaft des Menschen gegen sich selbst gleichbedeutend sein müßte. Leibfeindlichkeit ist vielmehr Unmenschlichkeit und auch eine Unmöglichkeit, nämlich der vergebliche Versuch des Menschen, die *Grenzen seines Daseins* in der Welt in ein eingebildetes Reich des Geistes hinein zu überschreiten. Demgegenüber er-

scheint, wie der Neutestamentler Ernst Käsemann es gesagt hat, der Leib in der Bibel als das von Gott gestiftete *Mittel zur Kommunikation* mit den anderen[4]. Also gewiß auch ein Mittel, um sich in seiner Bedürftigkeit zu überschreiten, aber nicht in eine selbstmächtige und selbstgenügsame Geistigkeit, sondern in die Gemeinschaft der Menschen hinein. Menschlichkeit wird dadurch als Mitmenschlichkeit qualifiziert. Humanität schlechthin, so formulierte Karl Barth, besteht in der Bestimmtheit des menschlichen Seins als Zusammensein mit dem anderen Menschen; Humanität, die nicht Mitmenschlichkeit wäre, gibt es nicht. Und mit Recht sah er in der geschlechtlichen Beziehung das Modell für Mitmenschlichkeit. Mit Recht auch biblisch: denn erst Mann und Frau zusammen stellen den ganzen Menschen dar. Die Sexualität wird also in dieser Sicht als eine Grundkraft menschlicher Kommunikation verstanden.

Fleisch (basar) also als Leib (soma); nun war aber schon auf eine andere Bedeutung jenes Wortes hinzuweisen: Fleisch als Ausdruck für eine Haltung, die den Zorn Gottes herausfordert. Das knüpft an die Hinfälligkeit und Vergänglichkeit an, die sich mit der »fleischlichen« Wirklichkeit verbindet. Dieser Schwäche zum Trotz eben baut der Mensch »normalerweise« lieber auf sich selbst, als daß er sich auf Gott verließe. Weil er seine Bedürftigkeit nicht gelten lassen mag und also aus Angst verschreibt er sich dem *Gesetz des Überlebens*, wie es in der animalischen Welt unter ihm herrscht. Solche fleischliche Gesinnung ist also der Hochmut Adams, der vor dem Fall kommt und selten weit von der Verzweiflung ist, so daß diese Verblendung buchstäblich zum Gotterbarmen ist. Psalm 78 (38f.) berichtet von der Großmut Gottes mit seinem halsstarrigen Volk: Obwohl es sich nicht fest auf ihn verließ und treu zu seinem Bund stand, blieb Gott barmherzig und zügelte seinen Zorn, »denn er gedachte, daß sie Fleisch sind, ein Wind, der dahinfährt und nicht wiederkommt«.

Wegen dieser *Normalität des Menschen im Widerspruch* erhält das Wort Fleisch, vollends im Neuen Testament, eine abwertende Bedeutung, die griechisch mit sarx übersetzt wird. Der sarkische,

4. Paulinische Perspektiven, 1969, S. 73. Vgl. *F. Böckle*: Fundamentalmoral, 1977, S. 43f., 160 u. ö.

fleischlich oder weltlich gesinnte Mensch ist der »verkehrte Mensch«. Er ist scheinbar stark, indem er sich auf das Weltgesetz, die *Prinzipien des Kampfes ums Dasein*, stützt; in Wahrheit ist er nach biblischem Urteil hingegen nicht stark genug, um zu sein, was er kraft seiner Bestimmung sein kann: ein von Gott ausgezeichnetes und über die Welt erhobenes Geschöpf. WOLFF sagt: »Zur kreatürlichen Hinfälligkeit kommt die ethische.« Mehr noch aber, die Normalität des Menschen im Widerspruch wird im Neuen Testament gleichsam abschließend, nämlich rückblickend auf die Geschichte Gottes mit dem Menschen und der Erfahrung des Menschen mit sich selbst als eine unentrinnbare Gefangenschaft beurteilt: Der Mensch verhält sich nicht nur »normalerweise« verkehrt, sondern nach PAULUS wird die Norm zu einer Kraft, die den Menschen niederhält. »Die Norm sarx, nach der der Mensch sein Leben ausrichtet, wird zu einer Macht, die ihn bestimmt.«[5]

Mit anderen Worten und um sogleich wieder zu systematischen Aussagen einer theologischen Anthropologie zu gelangen: die Hinfälligkeit des Menschen wird als *Verfallensein an die Welt* und ihre Mächte gedeutet, Verfallensein – wir wir heute durchaus sagen könnten – an Bindungen und Triebkräfte, die in seinem «Fleisch« von seiner Herkunft aus der Entwicklungsgeschichte wirksam geblieben sind. Bedürftig des Lebens, das von Gott kommt, und sehnsüchtig ausblickend nach solcher »Kraft aus der Höhe«, ist er doch in die Welt verstrickt; der Geist ist willig, aber das Fleisch ist schwach. Wir beobachten hier eine folgenreiche *Umwertung der Werte* oder besser: der Mächte: Was der Mensch »instinktiv« für stark und allein zuverlässig hält, wird angesichts der Möglichkeiten menschlichen Daseins als Schwäche gedeutet; er könnte seinen Halt bei Gott suchen, er könnte Mensch sein, indem er sich im Glauben rückhaltlos auf Gott verläßt. Vielmehr noch: Gerade da, wo er sich zu seiner kreatürlichen Schwäche bekennt, zur Ohnmacht seines Fleisches, kann ihm sozusagen ein *neuer, religiöser Sinn* dafür zuwachsen, daß es die ihm zukommende und in der Schöpfung bislang *noch nicht verwirklichte Seinsweise* ist, aus einer welttranszendenten Macht zu leben.

5. *E. Schweizer*: Art. sarx, a. a. O. S. 132.

Verstehen wir recht: Es ist nicht gemeint, daß im Menschen eine unvergängliche Seelensubstanz wohnt, eingekerkert in das Gefängnis des Fleisches. Gemeint ist, daß der Mensch im Beziehungsfeld von Mächten steht, die ihn bestimmen, und daß es da allerdings auch keine Wahl für ihn mehr gibt. Der Mensch steht – nicht aufgrund seiner konstitutionellen, sondern seiner religiösen Schwäche – im Banne dessen, was eigentlich schon überwunden sein sollte; er versteht sich aus der gewordenen Welt, er wagt es aus Angst um sein Leben noch immer nicht, sich ganz und frei aufzurichten. Täte er das, würde er sein Leben in einer *neuen Grundhaltung* führen, nämlich unbesorgt um sich und daher in offener Kommunikation mit den Mitgeschöpfen. Das wäre die *Normativität des »Geistes«* im biblischen Sinne des Wortes, das heißt: der Macht, die die Welt überwindet. So verstanden gibt es einen *Gegensatz zwischen Fleisch und Geist*. An einen Ort zwischen Gott und Welt gewiesen, ist das Leben aus dem Geist die dem Menschen eröffnete Möglichkeit, während das Leben aus der Welt die ihn noch bedrängende und umgebende Wirklichkeit ist.

Man kann an dieser Stelle noch einmal so zusammenfassen: Die theologische Anthropologie kann mit der philosophischen Anthropologie sagen, die Existenz des Menschen sei eine *ethische Existenz*. Er muß sich zu dem, was er ist, erst machen, wie die bekannte Formel Helmuth Plessners dafür lautet. Mehr noch, und damit bezog sich der große Theologe Paul Tillich auf die philosophische Anthropologie seit Max Scheler: Der Mensch ist das Wesen, das die Möglichkeit hat; seine Existenz ist eine *utopische Existenz*. Das heißt: er kann etwas Neues werden. Wenn die theologische Anthropologie aber drittens hinzufügt, die menschliche Existenz sei grundlegend, bevor also von Utopie und Ethik die Rede sein kann, eine *religiöse Existenz*, dann will sie damit sagen: das, was den Menschen wahrhaft zum Menschen macht, geht seiner sogenannten Selbstverwirklichung vorher; die *weltüberlegene Freiheit* und die erst daraus folgende *Normativität der Liebe* kann nur immer empfangen werden. Humanität mit diesem Anspruch ist nicht machbar[6]. Deshalb ist der

6. Vgl. zu diesem Thema auch *G. Sauter*: Mensch sein – Mensch bleiben.

Satz, daß der Mensch das Maß aller Dinge sei, der schlechthin unchristliche und in Wahrheit inhumane, nach biblischem Urteil aber auch allzu kurz greifende Grundsatz. Er bleibt im (bisher) Menschenmöglichen befangen, eben damit aber unter dem Niveau der Freiheit, welches Gott als das Maß aller Dinge ihm ermöglicht. Noch einmal dann aber: Was ist der Mensch?

II. Die Bestimmung des Menschen in der theologischen Anthropologie

Der *Begriff der Person* gehört zu den zentralen Begriffen der neueren theologischen Anthropologie; das war schon zu sagen. Und es ließe sich leicht zeigen, wie alle Konfessionen bestrebt sind, sich unter diesem Stichwort ihrer Tradition zu vergewissern. Es ist deshalb nur ein Beispiel, wenn der Evangelische Erwachsenenkatechismus sich auf LUTHER bezieht. Dieser, heißt es dort, habe wie PAULUS den Gegensatz Geist–Fleisch betont. Dabei sei es nicht um eine Aussage über die Struktur des Menschen, sondern um sein Verhältnis zu Gott gegangen: Im Aufruhr gegen Gott sei der ganze Mensch mit Leib, Seele und Geist Fleisch, im Glauben sei der ganze Mensch Geist. Bei beiden Betrachtungsweisen tauche also das Wort »Geist« auf. Der Geist als solcher (als »Teil« des Menschen verstanden) sei zunächst ein leerer Raum, der offen ist für eine Bestimmung. Je nachdem, wie der Geist bestimmt sei, seien es auch Leib und Seele. Der Geist als die innerste Stelle des Menschen sei der Ort, wo die Entscheidung über das Gottesverhältnis und damit über den ganzen Menschen falle. Der *menschliche Geist*, mit anderen Worten, bezeichne die *Mitte der Person*, und zwar eben nicht – woran man normalerweise denke – als etwas Helles, Lichtes, als Bewußtsein, Verstand, sondern eher als ein *dunkles Zentrum*, das unsere Lebensrichtung zutiefst be-

Anthropologie als theologische Aufgabe, in: Anthropologie als Thema der Theologie, hg. von *H. Fischer*, 1977. Das Buch enthält u. a. Beiträge zur Anthropologie R. Bultmanns (*E. Kamlah*) und K. Barths (*Chr. Frey*).

stimmt. Zusammenfassend ausgedrückt habe LUTHER uns zwei wichtige Einsichten über den Menschen vermittelt:

»– Der Mensch ist eine Einheit, die von einem Zentrum her bestimmt ist. Dieses Zentrum, ›Geist‹ genannt, ist nicht identisch mit dem Bewußtsein; es wurzelt in einer tieferen Schicht.
– Die Offenheit oder Verschlossenheit des Zentrums des Menschen für Gott bestimmt den ganzen Menschen.«[7]

Tatsächlich gehört es zu den Grundbestimmungen der christlichen Theologie, nicht nur derjenigen LUTHERS, daß der Mensch im Widerspruch als *homo in se incurvatus,* in sich selbst verkrümmter Mensch bezeichnet, das *Wesen der Sünde* also als *Verschlossenheit* gedeutet wird. *Glaube* ist demgegenüber *Aufgeschlossenheit für Gott und die Mitgeschöpfe.*

Mit dem Wort *Offenheit* kommt neben dem der *Person* der zweite Spitzenbegriff der gegenwärtigen theologischen Anthropologie ins Spiel. Sie interpretieren sich gegenseitig; das weist allerdings auf eine sehr moderne Problemkonstellation hin. Person ist ein Verhältnisbegriff; er ist besonders geeignet, um den Menschen in seiner Kommunikationsfähigkeit und -bedürftigkeit zu bezeichnen, und er ist deshalb seit den zwanziger Jahren, wie bereits anzudeuten war, in einer dreifachen Zielrichtung als *Korrektiv gegenüber einer Fehlentwicklung der christlichen Anthropologie* verwendet worden[8].

Die Fehlentwicklung wurde – von seiten der Theologie durchaus nicht viel anders als bei philosophischen und soziologischen Kritikern des abendländischen Christentums – darin gesehen, daß die biblische Lehre von der *Gottesebenbildlichkeit* des Menschen einseitig zum Motiv wurde, seine Sonderstellung gegenüber der anderen Kreatur und infolgedessen seinen Herrschaftsauftrag über die Natur zu betonen. Sich die Erde untertan machen (1. Mos. 1, 28) – das wird im Zusammenhang mit dem leitenden Interesse der großen westlichen Philosophie zu einem Anspruch auf Unterwerfung, der sich des dualistischen Begriffsmaterials der christlichen Anthropologie bediente. Der Geist des Menschen soll in gottähnlicher, ja, gottgleicher

7. A. a. O. S. 193f.

8. Vgl. dazu *D. Rössler*: Der »ganze« Mensch, 1962.

Autonomie über die Natur als bloßer Materie herrschen. Und eben: Seit dem Ausgang des 19. Jahrhunderts mit dem Ersten Weltkrieg brach sich die Einsicht Bahn, daß das christliche Menschenbild sich in eine *Ideologie der Macht* verwandelt hatte, daß sich in Wahrheit darin die Hybris des Menschen, der sein will wie Gott, verbarg, jener Hochmut, der vor dem Fall kommt. Die Erfahrung drängte sich auf, daß aus dem titanischen Streben nach *Freiheit von allen Begrenzungen und Bindungen* eine *Selbstverstrickung in totale Systeme politischer Herrschaft und ökonomischer Ausbeutung* wird, unter denen wie alle Kreatur nun auch der Mensch selbst zu seufzen beginnt. Das ist auch theologisch interessant. Die anthropologische Frage stellt sich aufgrund der Erfahrung einer verhängnisvollen Selbstverstrikkung; ein neuer Aufbruch, anders gesagt, der sich in der Frage des Menschen nach sich selbst anzeigt, ist eine Bewegung der Umkehr – und damit öffnet sich auch wieder die Frage nach Gott und der Bestimmung des Menschen.

Die *erste Korrektur*, die der Personbegriff ermöglichte, bestand nun darin, daß er die *dialogische Verfassung* des Menschen zum Ausdruck brachte. FERDINAND EBNER, MARTIN BUBER und andere wurden auch für die Theologie bedeutsam. EBNER setzte mit der Erkenntnis ein, daß das Sprechen dem Denken vorangeht. JÜRGEN MOLTMANN schreibt darüber in einem Buch mit dem Titel »*Mensch*« (1971): »Aus der Sprache entwickelt sich Selbstbewußtsein. Dem Selbstbewußtsein geht das Dubewußtsein voran. Für EBNER entstand aus diesen Einsichten eine neue Anthropologie, die die moderne Sprachlosigkeit und die aus ihr resultierende Einsamkeit des Menschen überwinden sollte. Was ist das Besondere am Menschen? Was am Menschen geht nicht in sachlichen und machbaren Verhältnissen auf? Die alte platonische Auskunft sagte: Der Mensch ist das Lebewesen, das den Logos hat. ARISTOTELES machte daraus das animal rationale. EBNERS Entdeckung war es, daß Logos nicht Selbstbewußtsein oder Vernunft sei, sondern das Wort der Sprache. Der Mensch ist ein geistiges Wesen, sofern er ein sprechendes Wesen ist. Wird er erst sprechend zu einem Ich, so gewinnt er sein Ich auch erst von einem ihn ansprechenden Du her. Sprechend wird er zum Ich für ein Du und zum Du für ein anderes Ich ... Die Icheinsamkeit des homo faber ist also nichts Ursprüngliches, sondern ein Produkt seiner Duverschlossenheit und ein Abfall von der Sprache der Lebendigen. Ursprünglich heißt es: Ich bin, indem du bist. Am Anfang war das Du. Alles echte menschliche Leben ist Ich-Du-Beziehung. Menschliches Leben ist dialogisches Leben, oder es ist krankes Leben. Das Wort der Sprache wird damit zum Träger der Kommunikation und zum Medium der Menschwerdung des Menschen am anderen Menschen.«

Das ist also das eine, uns heute sozialpsychologisch durchaus Vertraute: Person ist der Mensch, und zwar der ganze Mensch, anders als in der dualistischen Tradition, indem er *des Wortes bedürftig* ist. Und damit wird auch der theologische Begriff des Logos, der Fleisch wurde, wieder zum Begriff des Wortes. »Das Wort ward Fleisch.« Das heißt wiederum: Der Mensch ist des göttlichen Lebens nicht mächtig, sondern er ist auf Vertrauen angewiesen; das Wort ist für die Theologie ein unverzichtbarer Ausdruck für die Gottesbeziehung, weil das Wort das Medium der Freiheit des Gottes ist, der ganz anders ist als seine Geschöpfe, aber sie anredet; sein »Anspruch« in der doppelten Bedeutung des tröstlichen und fordernden Schöpferwortes zeichnet den Menschen aus. Die *Worthaftigkeit des Menschen* begründet auch seine Freiheit in solcher Abhängigkeit. Die Theologen jener Zeit arbeiteten darum klar heraus, daß es die Bestimmung des Menschen sei, als *Hörer des Wortes Gottes* zu existieren.

Die *zweite Korrektur* bestand dementsprechend in der Bedeutung von Personalität als *Abhängigkeit von menschlicher Gemeinschaft*, einer Ergänzungsfähigkeit und -bedürftigkeit und daher auch einer Verantwortlichkeit in den menschlichen Beziehungen. Man kann sagen: Der Mensch ist *des anderen bedürftig*. Diese Aussage braucht aber ihrerseits eine Interpretation, die mit der *dritten Korrektur* angebracht wird: Der anthropologische Grundbegriff der Person richtet sich gegen die naturwissenschaftliche Objektivierung und gesellschaftliche Verdinglichung des Menschen, dagegen also, daß er zum Zwecke nützlicher Verwendbarkeit definiert, »festgestellt« wird. Der Mensch ist kein Objekt und darf kein Objekt für den Menschen sein. Im Zentrum seiner Personalität – so sagte es auch HELMUTH PLESSNER – steht er sich selbst gegenüber, bleibt er also für sich selbst und

erst recht für die anderen im letzten Grunde unverfügbar; menschliches Dasein ist von einer nicht objektivierbaren Aktualität, die sich in der mitmenschlichen Begegnung zugleich offenbart und verbirgt. Die Theologie hat das aufgenommen und vertieft. Karl Barth sah eine Garantie dieser Freiheit in der Menschwerdung Gottes. Gott sei Mensch geworden, sagt er, weil das Du dem Ich ein unverfügbares Geheimnis sei und bleiben solle; er habe sich dem Menschen zugewendet und das Geheimnis unverfügbarer Personalität in Jesus zu seinem eigenen erklärt. In der Gottheit Jesu Christi bleibe die *Verborgenheit des Menschen* bewahrt und behütet. Und Helmut Thielicke – auf dessen Buch »*Mensch sein – Mensch werden*« (1976) hier hingewiesen sein soll – sieht das Geheimnis der Personalität in der, wie er nach Luther sagt, »fremden Würde« aufgehoben, die der Schöpfer seinem Ebenbild beigelegt hat. Gemeint ist, daß der Mensch letztlich nur aufgrund dessen eine unantastbare Menschenwürde und ein unbedingtes Recht auf sein eigenes Leben hat, weil er sie im Verhältnis zu Gott – nicht aus sich selbst heraus – hat.
Es zeigt sich, wie der Personbegriff auf den der Offenheit verweist: Wie es nicht erlaubt ist, sich ein Bild von Gott zu machen, so auch nicht vom Menschen. Die christliche Anthropologie nimmt ganz allgemein die in den Humanwissenschaften diskutierte *These von der Weltoffenheit* des Menschen in ihre Überlegungen auf, um ihr theologisch auf den Grund zu gehen. Dabei hat sie gemeinhin heute den bloßen, kulturkritischen Gegensatz zur wissenschaftlich-technischen Zivilisation, wie der Personalismus der zwanziger Jahre ihn darstellte, hinter sich gelassen. Man kann auch wieder gerechter über den angeblichen Sündenfall der Hellenisierung des Christentums urteilen; es war ja nicht einfach verfehlt, sondern eine geschichtliche Herausforderung, die Natur zu beherrschen, sie auch im Menschen selber zu disziplinieren und dafür das Potential der christlichen Anthropologie einzusetzen. Aber eben: Es war *einseitig*, im Gedanken der Gottesebenbildlichkeit hauptsächlich den *Aspekt des Herrschaftsauftrags* zu betonen, den *Aspekt der Mitgeschöpflichkeit* des Menschen hingegen zu vernachlässigen. »Nur selten, und nur von wenigen charismatischen Persönlichkeiten der abendländischen Frömmigkeitsgeschichte ist der Gedanke der Solidarität des Menschen mit der

übrigen Mitkreatur praktiziert und ausgesprochen worden.«[9] Genau das aber macht die gegenwärtige geschichtliche Herausforderung an das Christentum aus: diese »Solidarität der allgemeinen Bruderschaft« in der Schöpfung an die Spitze der Wertordnung zu stellen. Auch das eine Rückkehr zur biblischen Sicht, für die, wie wieder WOLFF es ausdrückt, der Mensch »nicht in selbstherrlicher Willkür, sondern als verantwortlicher Geschäftsträger« die Herrschaft an Gottes Stelle wahrnimmt.

Das heißt aber noch einmal, daß das, was den Menschen auszeichnet, nicht in ihm selbst seinen Ort hat. Er ist als ein Geschöpf, das zur Welt gehört, darauf angelegt, sein Verhältnis zur Welt doch nicht aus dem Gegebenen und Gewordenen zu bestimmen, sondern von anderswo her. Das drückt sich aus in der konstitutionellen Offenheit für neue geschichtliche Möglichkeiten menschlicher Existenz, gewiß also im Rahmen der Evolution – *Weltoffenheit* also. Das drückt sich aus in einer konstitutionellen Unzufriedenheit, dem cor inquietum, wie AUGUSTIN es sah, dem unruhigen Herzen, das über alles, was zu haben und zu erreichen wäre, hinausdrängt, bis es in Gott Ruhe findet – *Gottoffenheit* also. Und genau das wird in der gegenwärtigen theologischen Anthropologie mit Hilfe der humanwissenschaftlichen Erkenntnisse nachzuzeichnen versucht. Hier berührt sich zum Beispiel die Konzeption des bedeutenden katholischen Theologen KARL RAHNER eng mit der des evangelischen WOLFHART PANNENBERG[10]. Für RAHNER ist der Mensch die »sich unendlich übersteigende und in Gottes Geheimnis hinein sich verlierende Frage«. Wohlgemerkt: Er

9. *E. Benz*: Der Mensch in christlicher Sicht, in: Neue Anthropologie, hg. von *H.-G. Gadamer* und *P. Vogler*, Bd. 6, 1974. Dieser Band enthält auch einen Beitrag von *E. Jüngel*: Der Gott entsprechende Mensch. Bemerkungen zur Gottebenbildlichkeit des Menschen als Grundfigur theologischer Anthropologie.
10. *K. Rahner*: Zur Theologie der Zukunft, 1971; vgl. zum Gesamtwerk *K. P. Fischer*: Der Mensch als Geheimnis. Die Anthropologie Karl Rahners, 2. Aufl., 1975 (Zitate nach Fischer). *W. Pannenberg*: Was ist der Mensch? Die Anthropologie der Gegenwart im Lichte der Theologie, 1962.

hat nicht eine Frage nach Gott, sondern *ist* in seinem auf Offenheit, nämlich Selbstüberschreiten angelegten Sein selbst *diese Frage*, der Ort, wie RAHNER formuliert, wo »Gott, sich dem Menschen offenbarend, nicht nur irgendein, sondern *sein* eigenes Geheimnis *als* das letzte Geheimnis des Menschen selbst offenbar macht«. Er kann sagen: Der Mensch ist die *Selbsttranszendenz der lebendigen Materie*. Und WOLFHART PANNENBERG setzt ebenfalls damit ein, daß er die Selbstzentriertheit oder Verschlossenheit des Menschen als Inbegriff der Sünde ansieht und darauf besteht, daß kein Gut oder Zustand, und sei das auch noch so ideal gedacht, der Unruhe des Menschen wahrhaft Halt zu geben vermag. Weltoffenheit sei vielmehr *unendliche Angewiesenheit*, und erst da löse die Spannung zwischen Ichhaftigkeit und Weltoffenheit sich auf, wo erkannt werde, daß *Weltoffenheit im Kern Gottoffenheit* bedeute. Das unendliche Streben des Menschen – seine Suche nach sich selbst – setze ein Gegenüber jenseits aller Welterfahrung voraus, und für dieses Gegenüber habe die Sprache den Ausdruck Gott. »Das Wort Gott«, sagt er, »kann nur sinnvoll verwendet werden, wenn es das Gegenüber der grenzenlosen Angewiesenheit des Menschen meint. Sonst wird es zu einer leeren Vokabel.«

So aber verstanden, und das sehen beide Theologen ähnlich, wird die *transzendente Bestimmung des Menschen* zur Antwort auf die anthropologische Grunderfahrung, daß der Mensch diese Bewegung durch die Welt hindurch zu Gott *ist*. »In dieser Bewegung«, heißt es bei PANNENBERG, »ist er unterwegs zu seiner Bestimmung, zur Gemeinschaft mit Gott. Und insofern die Bewegung seines Lebens auf Gott zuläuft, vollzieht sich in ihr selbst schon Gemeinschaft mit Gott. Insofern ist schon in diesem Leben die Bestimmung des Menschen wirksam und wirklich, vorausgesetzt, daß wir in der Bewegung bleiben, nur ja nicht unterwegs stehenbleiben.«Nur die Teilnahme des Menschen an Gott, der alles bestimmenden Wirklichkeit, befriedet die Unruhe des Geschöpfes – und kehrt die Bewegung des Menschen um. RAHNER sagt es so: Die endliche Freiheit des Menschen erfährt in der Ekstase seines Geistes, die sich in das unendliche Geheimnis hinein verliert, existentielle Befreiung, *Eröffnung zur Selbsttranszendenz des Ichs auf den Nächsten hin*; die Selbstüber-

steigung des Menschen auf ein Du hin ist das »Geheimnis der Liebe«. Gott, formuliert RAHNER, ist der Name für die letzte Radikalität, die letzte Würde und die letzte Geborgenheit des Verhältnisses des Menschen zu seinem mitmenschlichen Du.
Was also ist der Mensch? Die *»Definition« des Menschen* ist es nach LUTHER, daß der Mensch gerechtfertigt ist im Glauben, angenommen von Gott[11]. Und nach dieser Bestimmung schaute der Beter des 8. Psalms aus, wenn er demütig staunend ausrief: Was ist der Mensch, daß du seiner gedenkst und des Menschen Sohn, daß du dich um ihn kümmerst? Gekrönt mit Ruhm und Hoheit ist er wie Gott über die Geschöpfe gesetzt – wie Gott und zum Lobe Gottes. Der Mensch, sagt WOLFF, ist bestimmt, zu leben und nicht dem Tode zu verfallen; bestimmt, zu lieben und allen Haß zu überwinden; bestimmt zu herrschen und bestimmt, Gott zu loben.

11. Disputatio de Homine (1536); vgl. *G. Sauter*, a. a. O. S. 81.

4. *Aggression und Toleranz als Problem religiöser Gesinnung**

Ein Thema, das in vielfältiger und weitgefaßter Form behandelt werden könnte, muß für den Vortrag eingeschränkt werden. Solche Beschränkung ist nie ohne Willkür, mag sie auch wohlerwogen sein. Mit dieser Bemerkung versehen, stelle ich die Disposition meines Vortrags vor. Ich werde in einem kurzen Einleitungsteil das Grundmotiv religiöser Aggression im Christentum skizzieren, den »Eifer« des biblischen Gottes. In einem viel längeren zweiten Teil werde ich dann zwei Typen religiöser Intoleranz beschreiben, Intoleranz, grobschlächtig eingeordnet, »von links« und »von rechts«, nämlich religiös-sozialistischer und konservativ-fundamentalistischer Art. In einem abschließenden Teil, der aber das Motiv des ersten wiederaufnehmen und weiterhin klären soll, werde ich etwas sagen über die Gesinnung kritischer Religiosität im Hinblick auf eine Kirche als »offenem System«.

I. Der Eifer des biblischen Gottes

Das Grundgebot in der biblisch-christlichen Glaubensgeschichte lautet in abkürzender Katechismusfassung: »Ich bin der Herr, dein Gott. Du sollst keine anderen Götter haben neben mir.« Diese anderen Götter sollen nicht angebetet werden, unter keinen Umständen soll ihnen gedient werden. »Denn ich bin der Herr, dein Gott«, heißt

* Erstmals veröffentlicht in: Zeitschrift für Evangelische Ethik 20 (1976), S. 300–311 sowie: A. Wercier (Hg).: Aggression und Toleranz. Kulturhistorische Vorlesungen der Universität Bern, Bern 1977, S. 151–168, (Verlag Herbert Lang).

es weiter nach MARTIN LUTHERS ausdrucksvoller Übersetzung, »ein starker Eiferer«.

Das ist immer schon denen ein Dorn im Auge gewesen, die es lieber gehabt hätten, wenn das Bild des biblischen Gottes reine, unbewegte und ungetrübte Liebesgesinnung spiegelte, anstatt, wie es wirklich der Fall ist, scheinbar menschlich-allzumenschliche Gemütserhitzungen zu verraten. Denn eben: Da ist von der Eifersucht Gottes die Rede, der niemand anders die Ehre lassen will, da ist von seinem Zorn und Grimm und sogar von seiner Reue die Rede. RUDOLF OTTO hatte die große Nähe dieses Gottesbildes zu dem allgemeinen Religionsphänomen des Numinosen gezeigt, jenem Mysterium des Heiligen, in welchem das unberechenbar Fremde, das Schreckenerregende und Verderbendrohende überhand nehmen; ein Gott, der den Menschen, wie Mose und wie Luther es erfuhren, unvermutet anfällt wie ein Feind. Allerdings: Für Israel tritt »die Willkür des Zornes Gottes zunehmend gegenüber der Erkenntnis zurück, daß Jahwes Zürnen antwortet auf die Übertretung seines Gebotes und seine Heiligkeit sich rächend offenbart, wenn die von Gott gewollte Ordnung durchbrochen wird«[1]. Indessen bleibt doch für beide Erfahrungsweisen, die numinose und die rationale, wenn sich einmal so trennen läßt, das *Erlebnis der Aggression Gottes* bezeichnend, einer spontanen Leidenschaft des Angriffs, die sich in der Geschichte von der Sintflut bis in die Härte jenes unmenschlichen Ausdrucks steigert, für den unsere Sprache das Wort »liquidieren« erfunden hat: »Ich will den Menschen, den ich geschaffen habe, vom Erdboden vertilgen, vom Menschen bis zum Vieh, bis zum Gewürm und bis zu den Vögeln des Himmels, denn es reut mich, daß ich sie gemacht habe.«

Die beiden, hier nur knapp anzudeutenden Erfahrungsweisen göttlicher Aggression haben ihr gemeinsames Motiv in der Konzentration auf das erste Gebot als Maß aller Gerechtigkeit. Pointiert kommt darin hervor, daß *Gott allein*, in seiner Freiheit, *das Maß aller Dinge* ist. Das ist für unser Thema sehr wichtig, wie sich zeigen wird; die

1. *Henning Graf Reventlow*: Rechtfertigung im Horizont des Alten Testaments, München 1971, S. 49.

Erzählung von der Vertreibung des Menschen aus dem Paradies macht klar, worum es geht: Adams Ungehorsam besteht ja darin, daß er – selbständig und eigenmächtig – wissen will, was gut und böse ist. »Gutes und Böses«, so belehrt uns die alttestamentliche Wissenschaft, sei aber im Hebräischen eine formelhafte Redewendung für unser farbloses »alles«. Adam, so müssen wir hören, streckt seine Hand aus, um seine geschöpfliche Schranke zu durchbrechen und »alles« zu können, was lebensdienlich ist[2]. Daß ihm dies verwehrt sein sollte, ist für die sophistische Schlange nur im Neid der Götter begründet. Und scheinbar wird das von Jahwe auch zugegeben, er sagt: «Siehe, der Mensch ist nun geworden wie unsereiner, wissend Gutes und Böses.« Um aber dennoch zu verhindern, daß dieser menschliche Usurpator sich auch von dem Geschenk des Lebens unabhängig macht, indem er vom Baum des Lebens ißt, vertreibt Gott ihn; gleichnishaft für die Uraggression Gottes lagern sich nun östlich vom Garten Eden die Cherube, und die Flamme des Zickzackschwertes versperrt den Weg zum Baum des Lebens.

Achten wir nun noch einmal genau auf den Sinn: Im Kern ist der Griff des Menschen nach »allem«, nach dem Wissen um Gut und Böse, noch nicht der Griff nach der Allmacht des Leben-Könnens, sondern nach der *Allmacht des Richten-Könnens*[3]. »Wie unsereiner«, nämlich wie göttliche Wesen, ist Adam dadurch geworden, daß er sich das Richteramt Gottes angemaßt hat. Gott nämlich ist nicht der Richter, indem auch er an ein Naturrecht gebunden wäre, sondern sein Recht geschieht in souveräner Rechtsprechung; Rechtsprechen und Richten, Gutes und Böses scheiden und das Recht setzen, sind ein Akt. Anders umschrieben: Die Macht der Gottheit ist für die im Kern ethische Religion der Bibel die Macht, das Maß aller Dinge zu sein, indem sie überhaupt erst bestimmt und benennt, was Wert und

2. Vgl. *Gerhard von Rad*: Das erste Buch Mose, Kap. 1–12/9 (ATD 2), Göttingen 1949, S. 70f. Das »Lebensdienliche«, Nützliche, Brauchbare, wird erläuternd hinzugefügt werden müssen.
3. Ähnlich die Bemerkung von *Hendrik van Oyen*: Ethik des Alten Testaments, Gütersloh 1967, S. 71: »Das ›Kennen von Gut und Böse‹ ist der Besitz der vollen Selbständigkeit im Urteil über das Leben.«

Unwert ist. Wer die Macht hat, sagt und drückt es schon in seiner Wortwahl aus, was »gut« und was »böse« heißen soll; wir verstehen das heute nur wieder allzu gut.
Das Ergebnis lautet an dieser Stelle: Der Eifer des biblischen Gottes ist der Eifer um sein – letztgültiges – Richteramt; die Monotheismusgeschichte der Bibel ist zugleich die Geschichte von der Monopolisierung jener Macht, letztlich über Wert und Unwert zu befinden, durch den einen Gott. *Dem Menschen*, anders gesagt, *ist dieses letzte Richteramt entzogen*; wer es sich aber anmaßt zu richten, den trifft der Zorn dieses leidenschaftlich zufahrenden Gottes. Wir kehren, wie angekündigt, im dritten Teil zu diesem Gedanken zurück und beschreiben einstweilen zwei Typen religiöser Aggression im Christentum, bei denen sich allerhand Aktuelles wird denken lassen.

II. Typen religiöser Intoleranz

1. *Religiöser Sozialismus.* Wir müssen mit ein paar Rückfragen schon einsetzen. Ist es nicht so, daß auch Jesus sagte, man solle nicht meinen, er sei gekommen, Frieden auf die Erde zu bringen? »Nicht Frieden zu bringen, bin ich gekommen, sondern das Schwert. Denn ich bin gekommen, Entzweiung anzurichten zwischen einem Mann und seinem Vater, zwischen einer Tochter und ihrer Mutter und zwischen einer Schwiegertochter und ihrer Schwiegermutter; und seine eigenen Hausgenossen wird der Mensch zu Feinden haben.« Und begründen diese scharfen Sätze nicht eine ebenso unbedingte, unbequeme Nachfolge, den Eifer seiner Jünger um das Gute, einen Eifer, der vor nichts zurückschreckt und noch die engsten Familienbande sprengt, wenn es gilt, die *Geister zu scheiden*? Eine radikale Gesinnung also, die offenkundig biblisch legitimiert ist. Hier *wird* also gerichtet, im Namen Jesu Christi und in der Vollmacht des Reiches Gottes, das in die Geschichte der alten, abtrünnigen Menschheit eindringt. So wendet sich das *Reich Gottes zum Angriff auf die Gesellschaft*, sagte 1919 bei aller Kritik am religiösen Sozialismus der Pfarrer Karl Barth. Damit sind wir am Thema.
Könnte es nicht sein – diese Fragen müssen nun noch gestellt werden

–, das solcher *Eifer für Gott*, der die Geister scheidet, dann in Ordnung ist, wenn er sich – paradox – gegen jene *Zertrennung und Zersetzung* mitmenschlicher Gemeinschaft richtet, die aus der anmaßenden Selbstbezogenheit Adams und Kains folgt? Und schließlich: Drängt sich dieser heilige Kampf um die Wiedervereinigung der getrennten Menschheit, geführt um des Friedens willen und wo immer möglich mit den Mitteln der Liebe, nicht da auf, wo die Zertrennung um sich greift und die Zersetzung der Grundlagen des Humanen dämonische Züge annimmt?

LEONHARD RAGAZ hielt vor genau fünfzig Jahren im sozialistischen Volkshaus in Bern drei Vorträge, denen er noch einen vierten beifügte, um sie dann unter dem Titel zu veröffentlichen: »Von Christus zu Marx – von Marx zu Christus«; er nannte diese Vorträge eine reife Frucht seiner ganzen Lebensarbeit. Den letzten der in Bern gehaltenen beendete RAGAZ mit den Worten: »Der Sozialismus stammt selbst aus etwas, was noch mehr ist als er. Darum kann das, was er will, nur zu voller Kraft und Blüte gelangen, wenn eine noch tiefer hinab und noch höher hinauf reichende Bewegung in der Welt Macht bekommt. Das ist mein erstes und letztes Wort. Und aus *dieser* Bewegung nun kommt uns noch einmal FRANZISKUS und ein Größerer entgegen ...« – »Für mich«, so schloß er, »ist schließlich der ganze Sozialismus nur ein *Vorbote* dieser kommenden Bewegung größerer Art. Sie aber, das glaube ich, *rüstet* sich in der Welt zum Kommen, gerade in den furchtbaren Geburtswehen dieser Zeit; sie ist noch größer als der Sozialismus, aber sie trägt auf ihren Wellen auch seinen Sieg. Und wir wollen mithelfen!«[4]

Wenn dies also die Frucht seiner Lebensarbeit ist, dann lohnt es nicht minder, einen Blick auf den Keim zu werfen. Als Student hatte RAGAZ, 1889, einmal Gelegenheit, die Berliner Börse zu besuchen. Er notierte: »Heute vormittags in der Börse. Es empfing mich, wie ungefähr Meeresbrandung toben mag. Furchtbarer Götzendienst. Jenes Tosen ist das Tosen des kommenden Gerichts, das Bild der Apoka-

4. *Leonhard Ragaz*: Von Christus zu Marx – von Marx zu Christus. Ein Beitrag. Mit einem Nachwort von *Renate Breipohl*, Hamburg 1972 (Wiederdruck der 1. Auflage von 1929), S. 146f.

lypse vom alten Babel steigt wieder in mir auf; Deutschlands Frechheit ist auf das Höchste gestiegen.« Nun: Das blieb kein singuläres, sondern war wirklich ein Schlüsselerlebnis; es wiederholte sich zwanzig Jahre später auf einer Amerikareise in Pittsburgh[5]. Die Industrielandschaft mit ihren feuerspeienden Schloten erschien ihm als ein Dantesches Inferno. Er zog die »arme Schweiz«, wie der Student sagte, das einfache, genossenschaftliche Leben, dem wild wuchernden Kapitalismus vor, dieser ein deutlicher Ausdruck für Modernität überhaupt. Damit stoßen wir auf den Sinn jenes Satzes, den KARL BARTH, der an Stelle des erkrankten RAGAZ an einer religiös-sozialen Konferenz in Tambach seine kritische Rede hielt, sprach: Das Reich Gottes wendet sich zum Angriff auf die Gesellschaft. Die Scheidung der Geister, so scheint es, wird zu einem Muß für das empfindliche Gewissen, wo die Frechheit des Menschen ein derart selbst- und weltzerstörerisches Ausmaß erreicht hat, daß der kapitalistisch-imperialistische Konkurrenzkampf zu einem Siegel der Apokalypse wird. Jetzt ist die Zeit, da Gott es aufbricht, und wie in der Geschichte des Alten Testaments fremde Großmächte zum unfreiwilligen Gerichtswerkzeug Gottes erwählt wurden, so wird jetzt die verständig-unverständige Sozialdemokratie offenbar zum Werkzeug des Kampfes für das Gottesreich. Das Mitwirken der Menschen an diesem Kampf gegen die dämonische Zertrennung ist eine Parteinahme für die Armen und Schwachen, für Abel, wenn man so will, aber doch nur in einer uneigentlichen Parteilichkeit, die ja das Ganze und das Gemeinsame will und eben nicht mit Gewalt, sondern in der Macht der Liebe. RAGAZ vertrat keinen prinzipiellen Pazifismus, wohl aber einen Friedenseifer, der sich – *jetzt*, im Augenblick der großen Wende zum Guten, dem Kairos – auf der Seite der zielsicheren *Dynamik des Gottesreiches* weiß, die sich durchsetzt. Wieso soll das aber ein – zwar personalisiertes, aber nichtsdestoweniger typisches – Beispiel für die Gesinnung religiöser Aggression sein?

5. Belege bei *Markus Mattmüller*: Leonhard Ragaz und der religiöse Sozialismus, 2 Bände, Zürich 1957 und 1968. Vgl. auch *Andreas Lindt*: Leonhard Ragaz, Zollikon 1957, S. 22, 50ff.; *Hans Ulrich Jäger*: Ethik und Eschatologie bei Leonhard Ragaz, Zürich 1971, S. 143ff., 274.

Halten wir nun endlich die Gleichung fest: Das Reich Gottes wendet sich zum Angriff auf die Welt, das heißt gegen die Gesellschaft. Und hören wir noch einmal Leonhard Ragaz. Er schrieb in einer frühen Autobiographie, indem er zurückblickte auf die für ihn bedeutsamen Ereignisse des Streiks der Basler Maurer im Jahre 1903: »In Basel erlebte ich eine tiefe Krise, wohl die tiefste und folgenreichste meines Lebens. Aus furchtbarem, langem Kampfe stieg die Hoffnung auf das Reich Gottes für die Erde auf. Sie wurde zur Opposition gegen die ganze heutige Welt, den *aion houtos* (das heißt: diese Welt-Zeit [H. R.]), nicht nur gegen Kapitalismus, Imperialismus, Militarismus (ich war vorher ein eifriger Freund des Militärs!), sondern auch gegen Kirche, Christentum, Religion.«

Wir haben die Elemente dieser Ethik bereits zusammen und brauchen sie nur noch einmal kritisch zu betrachten. Ausgangspunkt dieser Betrachtung bleibt hingegen die Beobachtung, daß das letztlich auslösende Moment für diese Konzeption des Religiösen Sozialismus ein Unbehagen in der Modernität ist, wie der amerikaniche Soziologe Peter L. Berger vor kurzem ein Buch genannt hat[6]. Schärfer ausgedrückt: Es ist ein *Schock der Modernität*. Dieser Schock löst, vermittelt über die religiöse Sensibilität für soziales Unrecht, das wirklich geschieht, eine übersteigernde Reaktion aus. Die Sprache gibt das wieder: Von Götzendienst und Dämonie ist da die Rede, von den furchtbaren Geburtswehen der großen Krise, vom apokalyptischen Bild eines Sündenbabels – wohinzu bezeichnenderweise ein starker Affekt gegen sexuellen Libertinismus und Zynismus kam. Und diese *Übersteigerung des Gegensatzes zur modernen Gesellschaft* als dem Bestehenden überhaupt hat ihr Gegenstück in einer *stereotypen Vereinfachung* der feindlich empfundenen »Gesellschaft«; Mammon und Moloch heißen die Götzen, denen sie dient und die sie – letztlich und bündig – erklären. Unfähig, ihre Komplexität zu ertragen, wird sie in diesen religiösen Wertbildern eingefangen, ihr Wesen scheinbar durchschaut. Das ist die *Sprache der religiösen Unmittelbarkeit*, die sich nur bis zu einem gewissen Grade auf das rationale Geschäft

6. *Peter L. Berger, Brigitte Berger und Hansfried Kellner*: Das Unbehagen in der Modernität, Frankfurt und New York 1975.

der Analyse einläßt, diese vielmehr im letzten als gefährlich, zersetzend ansieht und eher ausblendet, um sich an die emotional-synthetische Urteilskraft zu wenden; so wird dann, was politisch-reformerisch sein könnte, scheinbar «tiefer« und »höher« angesetzt. Die *Übersteigerung und Vereinfachung* hat tatsächlich zur Folge, daß Licht und Schatten, Gut und Böse, Wert und Unwert säuberlich getrennt erscheinen; man weiß, wo der Feind steht, und weil er durch ein Götzenbild dämonisiert vorgestellt wird, wird ihm damit auch die Möglichkeit abgesprochen, hinzuzulernen, sich zu verändern und allenfalls zu bekehren. Kapitalismus als Mammonskult: Das reizt zum Angriff auf ein »geschlossenes System«, im Namen Gottes und für das Ideal des einfachen Lebens. Der *Gegensatz von Gemeinschaft und Gesellschaft* wird überhöht zum Gegensatz von Gut und Böse, Gottes- und Weltreich. Allerdings: Noch immer bleibt es dabei, daß die »Revolution Gottes« ganz anders sein soll als die »Revolution der Welt«. «Macht«, sagt RAGAZ, »ist das Zeichen des Cäsars, Liebe das Kennzeichen Christi.« Noch einmal also: Ist das im eigentlichen Sinn aggressiv?

RAGAZ hat sich zu einem »gläubigen Enthusiasmus« bekannt, zur Tradition der evangelisch-radikalen Volksbewegung. ERNST TROELTSCH, der große theologische Historiker der sozialethischen Geschichte im Christentum, rühmt ihn für seine religionssoziologisch hilfreiche Unterscheidung zwischen einer »ruhenden« und einer »vorwärtsdrängenden« Form der Religion. Die erste identifiziert RAGAZ mit der »Kirche«, für die zweite verweist er auf FRANZ VON ASSISI und die Täufer, das heißt, fügt TROELTSCH hinzu, »faktisch auf die Sekte«[7]. »Sekte« ist hier kein Schimpfwort, sondern die Bezeichnung für eine religiöse Organisationsform, in deren einfacher Gemeinschaft die *kompromißlose Gesinnung des Weltgegensatzes* bewahrt wird. Sie steht aber schon in einem sozusagen natürlichen Gegensatz zu hochkomplexen Gesellschaftsformen und kann deshalb, wie es die von TROELTSCH so genannte aggressive, welterneuernde Sekte tut, ihr eigenes *abgeschlossenes System* absolut, das

7. *Ernst Troeltsch*: Die Soziallehren der christlichen Kirchen und Gruppen, Ges. Schriften I, Aalen 1965, S. 364.

heißt *für das wahre Ganze* setzen. Und eben: Troeltsch fügt seiner Bemerkung über Ragaz hinzu: bisher sei von diesen Gruppen aus eine Universalgesellschaft nur durch *chiliastische Gewalttat* möglich gewesen.

Chiliastische Gewalttat, letzte Gewalt also im Zeichen des Gottesreiches: Das erinnert an die Kritik, die der soziologische Freund Ernst Troeltschs, Max Weber, im Revolutionswinter 1918/19 in seinem Vortrag »Politik als Beruf« übte. Weber nannte eine Ethik vom Typ des Religiösen Sozialismus «*Gesinnungsethik*«; diese unterscheide sich von einer rationalen »*Verantwortungsethik*« dadurch, daß sie nicht nach den Folgen frage. Der Gesinnungsethiker, sagt er, fühlt sich nur dafür verantwortlich, daß »die Flamme der reinen Gesinnung, zum Beispiel des Protestes gegen die Ungerechtigkeit der sozialen Ordnung, nicht erlischt«, und er zitiert: »Der Christ tut recht und stellt den Erfolg Gott anheim.« In der Tat: Wer die Geister so sicher zu unterscheiden vermag, daß er sich auf der Seite Gottes wissen kann, der mag glauben, daß *seine* Revolution ohne die Gewalt dieser Welt auskommt. Aber eben, Max Weber fährt fort: »In der Welt der Realitäten machen wir freilich stets erneut die Erfahrung, daß der Gesinnungsethiker plötzlich umschlägt in den chiliastischen Propheten, daß zum Beispiel diejenigen, die soeben ›Liebe gegen Gewalt‹ gepredigt haben, im nächsten Augenblick zur Gewalt aufrufen – zur *letzten* Gewalt, die dann den Zustand der Vernichtung aller Gewaltsamkeit bringen würde –, wie unsere Militärs den Soldaten bei jeder Offensive sagten: es sei die letzte, sie werde den Sieg und dann den Frieden bringen. Der Gesinnungsethiker erträgt die ethische Irrationalität der Welt nicht. Er ist ein kosmisch-ethischer ›Rationalist‹.«

Das Problem der aggressiven religiösen Gesinnung besteht also darin, daß der gute, vermeintlich eindeutig-objektivierbare Zweck die Mittel heiligen kann. In dem Augenblick, wo die »*metaphysische Enttäuschung*« einsetzt, wie der frühere Religiöse Sozialist Paul Tillich das aus seiner Erfahrung nannte, wo nämlich der Lauf der Welt durchaus nicht den eigenen Glaubenshoffnungen entspricht, da kommt aus der Sprache der vergröbernden und aufheizenden Unmittelbarkeit die *schreckliche Ungeduld* derer, die das Himmelreich mit

Gewalt erstürmen und an sich reißen wollen. Religiöse Aggression liegt somit latent schon da vor, wo Gut und Böse, Wert und Unwert mit bestimmten menschlich-geschichtlichen Erscheinungen identifiziert werden. Die gefährlich vereinfachenden und emotional übersteigerten Dualismen sind es, zwischen denen sich die Spannung der aggressiven Gesinnung aufbaut und jederzeit entladen kann. In diesem Fall: Die dämonisierte »Gesellschaft« ist der negative Pol, die heilige Gemeinschaft der positive, oder anders beschrieben: Gesellschaft und Gemeinschaft sind beide für sich *geschlossene Systeme*, zu keiner Vermittlung und also auch zu keiner Toleranz befähigt.

2. *Konservativer Fundamentalismus.* Das erste Beispiel zeigt, daß eine radikale Gesinnung, die sich normalerweise im Christentum ihre *besondere* Religionsform verschafft, sich aggressiv äußern kann, wenn die soziale Entwicklung zur unerträglichen Provokation wird. Das zweite Beispiel soll nun vom kirchlichen »Normalzustand« ausgehen, das heißt von einem Zustand religiöser Toleranz, der aggressiven Gesinnungsformen nur wenig Raum läßt, der aber ebenfalls durch eine »Krise« des allgemeinen Weltbildes polarisiert werden kann. Und normalerweise hat diese Polarisierung – soll man sagen: auch hier? – einen konservativen Sinn; der »Zersetzung« des bisher gültigen Wertkonzepts soll entschieden gewehrt werden. Nun war beiläufig schon darauf hinzuweisen, daß auch bei Ragaz eine große Empfindlichkeit für den Zerfall sexueller Sitten zu beobachten war. Das ließe sich ausdrücklich weiterverfolgen, indem man Ernst Troeltschs Untersuchungen über den Zusammenhang von *Radikalität und Askese* in der religiösen Gesinnung nachginge. Statt dessen soll hier das Beispiel der konservativ-fundamentalistischen Reaktion auf die sogenannte *Revolution der Sexualmoral* gewählt werden.

Es ist sehr aufschlußreich für das Thema des Verhältnisses von Aggression und Toleranz in der religiösen Gesinnung, einen Blick auf das Mittelalter zu werfen, die Zeit also – alles in allem genommen – einer kirchlich geprägten Kultur. Aufschlußreich nämlich im Hinblick auf eine heutige Überempfindlichkeit in Sachen Sexualmoral ist es, zu sehen, daß die repräsentative *Theologie des Mittelalters* eine *breite Toleranzspanne* hinzunehmen und auch zu rechtfertigen vermochte. Es gab, genauer gesagt, durchaus nicht nur *eine* Sexualmoral, sondern einen *begrenzten Pluralismus von Moralen.* Begrenzt war dieser ethische Pluralismus einerseits nach unten, indem nämlich Ehebruch und mehr noch die Geburt unehelicher Kinder kirchlich wie gesellschaftlich stark pönalisiert waren. Begrenzt war er durch die spezifisch kirchlich-kanonischen Randbedingungen des Verhaltens im Bereich von Ehe und Familie, durch Vorschriften also, welche wesentlich die Heiratsvoraussetzungen betrafen und diesen ganzen labilen Verhaltensbereich den Kontrollen des kulturellen Erziehungssystems der Kirche aussetzten. Das ist schon ein Stichwort für das Weitere. Nach oben hingegen wurde die Grenze da gezogen, wo das hochgeschätzte Ideal sexueller Enthaltsamkeit und Virginität die Tendenz zeigte, sich absolut zu setzen und dadurch den schöpfungsgemäßen *Normwert der Ehe* anzugreifen. Diese, die monogam-asketische Ehe, stellte das Maß der goldenen Mitte dar, das Feststehende inmitten flexibler Moralen. Die aber waren nun einmal je andere für Kleriker und Laien, Herren und Knechte, Besitzende und Habenichtse, verheiratete und ledige Frauen und nicht zuletzt für Männer und Frauen; nur trägt es nicht viel aus, von »doppelter Moral« zu sprechen, es handelt sich um einen abgestuften Pluralismus, der den ständischen Ordnungen angepaßt war und dennoch einen kirchlichen Richtungssinn in sich hatte. Die Pädagogik der Kirche tolerierte alles, was notwendig oder nützlich war, um das Zielgebot der monagam-asketischen Ehe für die Mehrheit, das Gebot der Enthaltsamkeit für die Elite durchzusetzen und zu stabilisieren. So groß war die Toleranz, daß AUGUSTIN und THOMAS, gewiß nicht freudigen Herzens, auch die Prostitution gelten ließen. AUGUSTIN konnte sie eine »rechtmäßige Unmoral« nennen, die zu der »irdischen Stadt« nun einmal dazugehöre wie die Kloake zum Palast. Das eben war kein Zynismus und keine Heuchelei, sondern die Klugheit dessen, der weiß, daß die Ehe als Norm nur stabil bleibt, wenn auch sogenannte Ventilsitten offenbleiben. Modern gesehen: Die Scheidungsmöglichkeit vor allem stützt die Idealnorm der Ehe, deren christliche Erfüllung in lebenslanger Treue liegt.

Was ist die Pointe dieser Skizze, aus der es noch manche interessante Linie auszuziehen gäbe? Nehmen wir noch einmal AUGUSTINS Votum: Die Prostitution gehöre dazu wie die Kloake zum Palast. Wesentlich für den Bestand dieses ganzen Gebildes von Moralen und der eigentliche Grund für die große, tolerante Gelassenheit, mit der man Normabweichungen zu ertragen vermochte, war die Gewißheit, daß der Palast sicher war. Ihn – oder ohne Bild gesagt: die Idealnorm der monogam-asketischen Ehe – griff niemand an; das *mittlere Maß* blieb plausibel für jedermann, und jedermann konnte auch einsehen, daß Askese eine kirchlich-gesellschaftliche Über-Norm (Meta-Norm) darstellte. Denn ohne eine Grundstimmung der Askese war eine ökonomisch nur gering entwicklungsfähige Gesellschaft gefährdet; die Erde war nun einmal – wie Luther sagte – ein »Jammertal«, welches dem einzelnen wenig Hoffnung auf Lebensglück bot. Mit anderen Worten: Der soziale Kontext stützte die überweltlich orientierte Erziehungspraxis der Kirche und machte insbesondere den von ihr begründeten *Richtungssinn der Sexualethik* einleuchtend.

Vermuten läßt sich daher bereits, daß die ethische Toleranz innerhalb dieser religiösen Kultur nicht mit der Elle der Aufklärung gemessen werden darf; ähnliche Zurückhaltung wird man auch im Hinblick auf die Vorboten moderner Toleranz im Calvinismus und seinem Umkreis zu üben haben. Der Weg bis hin zur Anerkennung der durch John Locke erst zum Prinzip gewordenen Toleranz anderer Überzeugungen ist für die Kirche weit gewesen[8]. In jener kirchlichen Universalkultur jedenfalls hatte Toleranz nur die Bedeutung, den Bestand der Grundwerte zu sichern. Diese selbst blieben eindeutig vorgegeben. Man mag das eine *funktionale Toleranz* nennen; sie regelt die Anpassung der tragenden Werte des Glaubens und der Sitte an die kirchlich-soziale Wirklichkeit. Umgekehrt bleibt dann also die Intoleranz der letzten Werte im Hintergrund, und es liegt auf der Hand, daß sie jederzeit aggressiv zum Vorschein kommen kann. Jederzeit, das heißt nun aber genau: in einem tiefgreifenden Umbruch, der das bislang scheinbar Letztgültige in Frage stellt, einer Krise, welche bei den Betrofffenen eine »Krisenmentalität« hervorruft, die sich in radikaler Gegenkritik zu äußern pflegt. Zwei Bemerkungen

8. Vgl. *E. Troeltsch*, a. a. O. S. 758ff.

sind indessen notwendig, um die moderne Bewußtseinslage dieser Krisenmentalität zu erreichen.

Einmal nämlich ist es wichtig zu sehen, daß die frühere Kulturspannung zwischen scheinbar unbedingten Grundwerten und deren flexibler Anpassung an wechselnde Umstände in der neuzeitlich-bürgerlichen Geschichte zu einer *Spannung im Gewissen* des einzelnen geworden ist. Der amerikanische Soziologe DAVID RIESMAN hat dies als den Übergang von Traditionslenkung zu Innenlenkung beschrieben. Das heißt: Das Gewissen des einzelnen wird von wenigen, aber um so eingefleischter wirkenden Prinzipien geprägt, die für seine Lebensführung, ja für seine Existenz wesentlich sind; er hat »Grundsätze«, die ihn innerlich unabhängig machen und auch äußerlich, sofern er den Mut hat, sie zu vertreten, und die ihn befähigen, in wechselnden und veränderlichen Umwelten doch stets er selbst, semper idem, zu bleiben. Mit dieser privaten Gewissensbildung verband sich aber zugleich eine *wachsende Empfindlichkeit* gegenüber allzu starken Abweichungen des wirklichen moralischen Verhaltens von den Prinzipien. Es genügt nicht mehr, daß diese als Zielgebote in der Gesamtkultur wirksam sind und auch in einer gewissen Stellvertretung von den sittlich strenger Gesinnten befolgt werden, so wie der Kirchturm im Dorf das höhere Leben sinnfällig darstellt, mag man auch sonst sehr alltäglich weit von ihm entfernt sein. Vielmehr muß es jetzt für den einzelnen möglich sein, die Prinzipien seiner Lebensführung mit der Alltagswirklichkeit in Einklang zu bringen, um sich ihrer zu vergewissern; sie müssen zu verwirklichen sein, sonst sind sie dem Verdacht ausgesetzt, wolkig-illusionäre, womöglich schrullige Ideen zu sein. Mit anderen Worten: Manchem Anschein zum Trotz verträgt die neuzeitlich-bürgerliche Sittlichkeit weniger Spannungen zwischen den Prinzipien oder Werten und dem tatsächlichen Verhalten. Das heißt aber: Die Neigung wächst, in einer Grundlagenkrise »prinzipiell« zu werden, nämlich den Versuch zu machen, die abweichende Wirklichkeit zur Räson zu bringen, indem nun die Prinzipien unmittelbar als *Konstruktionsprinzipien der Lebenswelt* durchgesetzt werden sollen. Auch die konservative Kulturkritik ist ja konstruktiv gemeint, sofern sie neuzeitlich ist. Zum anderen aber ist zu beobachten, daß innerhalb einer schon vorhandenen – sei es denn:

mehr oder minder – »offenen Gesellschaft« auch von denen, die den weltanschaulich-ethischen Pluralismus als Gefährdung absoluter Grundwerte ansehen, *argumentiert* werden muß; was nicht überzeugt, läßt sich auf die Dauer nicht durchsetzen.

Tatsächlich kann man jetzt feststellen, daß sich der schon skizzierte Schock der Modernität in eine *sehr persönlich empfundene Angst vor dem Verlust der eigenen Wertbasis* umzusetzen vermag; daß dieses irritierte Gewissen sich dann Gesinnungsgenossen oft quer durch alle traditionellen kirchlichen Richtungen sucht und sich in Verbänden organisiert; und daß die Angst sich dann äußert in einer (oft ebenfalls sehr persönlich werdenden) *Diffamierung* der modernen Toleranz gegenüber moralischen Einstellungen und Verhaltensweisen. Die Diffamierung ist die Fehlform der Argumentation, und sie hat ihr Kennzeichen darin, daß sie die «Unmoral« der anderen plakativ vergröbert, um auf diese Weise zeigen zu können, daß es ums Prinzip, ums Ganze geht. Und eben: Im Bereich der Sexualethik konzentriert sich der aggressive Gesinnungsstreit auf die Verteidigung der Ehe als Monopolinstitution sexuellen Verhaltens; voreheliche Beziehungen, Scheidungshäufigkeit, Selbstbefriedigung, Homosexualität werden hochstilisiert und statistisch dramatisiert, um den Anschein zu erwecken, daß sie den Grundwert unerträglich gefährden, dieser hingegen zugleich zentral sei für den Bestand der abendländischen Kultur. Und da ist dann auch wieder das religiöse Vokabular, die allgemeine Kulturkritik »überhöhend« und »vertiefend«. Da ist dann die Rede davon, daß ein »Erdrutsch der Moral« stattfinde, die Auflösung aller sittlichen Ordnungen im Gange sei, daß dies von der Mißachtung des Willens Gottes komme und nun eine Flut dämonischer Kräfte das Volk überschwemme; ja, die sexuelle Revolution erscheint als ein Werk des Antichrists. Überall, so heißt es in einem Pamphlet (das auch auf mich gemünzt war), breite sich eine diabolische Mitmenschlichkeit aus, vom Satan gefördert. »Überall lautet seine Parole gleich. Es geht um den Menschen, der frei, mündig und autonom ist. Ewig gültige Ordnungen gibt es nicht. Er hat das Recht, in Freiheit zu leben.«[9] *Diffamiert wird also die*

9. *M. Basilea Schlink*: Mitmenschlichkeit, Darmstadt-Eberstadt 1964, S.

Struktur einer modernen Gesellschaft, deren Toleranz die kritische Bewährung der sittlichen Prinzipien verlangt; ihr Pluralismus erscheint vor dem Forum des geängstigten Gewissens – auch dies: ein geschlossenes System! – als heillose Dekadenz einer permissiven Gesellschaft.

III. Die Gesinnung kritischer Religiosität

Das Wahrheitsmoment der beiden Arten religiöser Aggression im Christentum ist nicht zu übersehen. Es liegt auf der Hand, daß der »Eifer um das Gute« nicht falsch sein kann, daß es schlechthin unchristlich wäre, nicht um menschliche Gemeinsamkeit zu ringen und deren Zertrennung und Zersetzung zu bekämpfen. Die Einsicht drängt sich daher auf, daß es *ein Drittes* geben müsse *zwischen einer funktionalen Toleranz*, die ein vorgegebenes Wertsystem nur stützt (die allerdings, wie das Beispiel des Mittelalters zu lehren vermag, auch nicht gleich als »repressive Toleranz« [H. MARCUSE] verächtlich gemacht werden darf), *und einer passiven Toleranz*, die nämlich, selbstzufrieden und gleichgültig, die Welt ihrer Wege gehen läßt. Dies Dritte könnte eine *konstruktive Toleranz* sein, und tatsächlich ließe sich diese auch aus der biblischen Sicht des Gotteseifers begründen.

Ebenso deutlich wie das Wahrheitsmoment jener beiden Aggressionsarten, so kann hier wieder angeknüpft werden, ist ihre verkehrte Tendenz: Sie ergibt sich aus der Gleichsetzung der eigenen Lebenswerte und der eigenen Lebensform mit dem Guten. Wo auf diese Weise das Heil in einer geschichtlich bedingten Gemeinschaftsgestalt und ihren Prinzipien gesucht wird, vertieft sich, vor allem auch emotional, die Spannung zu den gegensätzlichen Daseinsformen. Nachdem diese, anders gesagt, dazu herausgefordert hatten, den eigenen Standpunkt nunmehr *entschieden* als den einzig wahren zu vertreten, werden die Pole des Spannungsverhältnisses in einem Freund-Feind-Schema fixiert. Auch wenn es nicht zur gewalttätigen Entladung kommt, ist dies ein Schema unheilvoller Aggression. Insofern hat ARNOLD GEHLEN zum Beispiel recht, wenn er sagt, es lasse sich ein »Gesetz der Freisetzung von Aggression durch die Radikalisierung der Moral« beobachten[10]. Besser wäre es allerdings, Radikalität und Extremismus sorgfältig zu unterscheiden, wie es kürzlich Arthur Rich vorgeschlagen hat[11]. Extremismus, sagt er, sei anders als Radikalität nicht am Ganzen, sondern am Partiellen orientiert. Und eben: Gegenüber den unheilvollen Polarisierungen sieht auch Rich nicht nur ein Toleranzprinzip der Nichteinmischung und der vorsichtigen Trennung verschiedenartiger Lebensbereiche mit ihren Moralen, sondern ein Drittes, nämlich eine *Radikalität der Liebe*, die durchaus aufs Ganze geht, aber so, daß auch das *eigene Wertsystem zur Disposition* gestellt bleibt.

Verkehrung von Radikalität unbedingter Liebe in den Extremismus geschichtlich bedingter Werte: Das ist offenkundig die ständige Gefahr einer religiösen Gesinnung, die das Verbot des vorzeitigen Richtens nicht ganz ernst nimmt, die Gefahr der frommen Ungeduld, die nicht warten und in der Liebe bleiben mag. Tatsächlich geht die Radikalität des biblischen Gotteseifers viel weiter: Der Zorn Gottes enthüllt sich in der Tiefe als Mittel seines grenzenlosen Liebeswillens; er treibt zur Umkehr, zur Wiedervereinigung des Getrennten, während die endgültige Scheidung der Geister aussteht[12]. Man könnte dies eine *konstruktive Aggression* nennen, die sich mit *konstruktiver Toleranz* vermittelt hat. Denn eben: Die Geschichte von der Sintflut mündet in die Selbstverpflichtung Gottes, der, wie es heißt, in seinem Herzen sprach: »Ich will die Erde nicht noch einmal um des Menschen willen verfluchen, denn die Gebilde des menschlichen Herzens sind doch böse von Jugend an; so will ich nicht noch einmal alles Lebendige vernichten, wie ich getan habe.« Und wenn dies noch eine gewisse Toleranz des Gleichmuts gegenüber menschlichem Un-

31 ff., 37 f.; weitere Belege bei: *H. Ringeling*: Theologie und Sexualität, Gütersloh, 2. Aufl. 1969, S. 185 ff. *Gyula Barczay*: Revolution der Moral?, Zürich und Stuttgart 1967, S. 25 ff.

10. *Arnold Gehlen*: Moral und Hypermoral, Frankfurt und Bonn 1969, S. 41.
11. *Arthur Rich*: Radikalität und Rechtsstaatlichkeit, Zürich 1978.
12. Vgl. *H. Graf Reventlow*, a. a. O.

wesen anzeigt, so ist das im Neuen Testament vollends ins Positive gewendet, wo Jesus sagt: »Liebt eure Feinde und betet für eure Verfolger, so werdet ihr zu Söhnen eures Vaters im Himmel. Denn er läßt seine Sonne über Böse und Gute aufgehen und läßt regnen über Gerechte wie Ungerechte (Mt 5, 44f.).« Und der Grundsatz, in welchem sich die Konsequenz des Verbots, sich wie Gott zum Maß aller Dinge zu machen, unzweideutig ausspricht, lautet: »Richtet nicht, damit ihr nicht gerichtet werdet (Mt 7, 1).« Damit! *Das menschliche Richten ist der Grund des göttlichen Richtens.* Radikaler und elementarer kann kein ethischer Grundsatz sein.

Diese Radikalität der Liebe zeigt sich auch in der Einstellung Jesu zu den zeitgenössischen religiösen Eiferern. Ohne Zweifel standen ihm die aggressiven Zeloten nahe, jene politischen »Eiferer« also, die den bewaffneten Aufruhr gegen die römische Besatzungsmacht betrieben; Simon der Zelot und wohl noch andere gehörten zum engsten Jüngerkreis, und es fällt auf, daß Jesus zwischen zwei wahrscheinlich zelotischen Aufrührern gekreuzigt worden ist (Mk 15,27); das Kreuz war überhaupt die typische Strafe für Zeloten. Dennoch kommt auch die abwägende neutestamentliche Wissenschaft (ich folge hier Wolfgang Schrage) zur Unterscheidung von Radikalität und Extremismus. Zwar forderte Jesus radikalen Gehorsam bis zum Zerschneiden der Familienbande und der Bereitschaft zum Martyrium, aber an seinem Nein zum zelotischen Extremismus kann kein Zweifel sein. Seine Gesinnung hält die Mitte zwischen den extremen Positionen der Rebellion und Revolution auf der einen Seite und dem Kult eines heidnischen Kaisers wie auch eines jüdischen Gesetzesrigorismus auf der anderen Seite. Die Botschaft Jesu bedeutet aber auch weder Pazifismus noch Relativismus, sondern transzendiert alle innerweltlichen Gegensätze auf die Wurzel, das Radikale jenes Liebeswillens hin, der nichts vorzeitig verwirft, sondern um Einheit ringt[13].

Das Ergebnis dieser Berichtigung aggressiver Formen religiöser Gesinnung im Christentum besteht also darin, daß die *Radikalität der*

13. *Wolfgang Schrage*: Die Christen und der Staat nach dem Neuen Testament, Gütersloh 1971, bes. S. 40ff., 29.

Liebe als Vermittlung von konstruktiver Aggression und konstruktiver Toleranz erscheint; die Aggression Gottes humanisiert, indem sie das Recht auf endgültige Werturteile dem Menschen entzieht. Daraus folgt ein Konstruktionsprinzip für menschliche – nicht nur politische, sondern auch kirchliche – Verhältnisse, das man als *stabilisierte Spannung zwischen Aggression und Toleranz* bezeichnen kann. Gemeint ist damit in praktischer Hinsicht: Das Verbot des Richtens hat eine Achtung vor der Person des anderen zur Folge, deren Voraussetzung gewiß nicht ein »unendlicher Wert der Menschenseele« ist (eher schon: daß jeder das Zeichen Kains an sich trägt), sondern die unbedingt geforderte *grenzenlose Geduld* im Umgang miteinander. Das heißt also, daß die stabilisierte Spannung von Aggression und Toleranz gleichbedeutend ist mit dem *Eifer um Konsens* und der *Fähigkeit, Widerspruch zu ertragen*, eine Fähigkeit, die sinnvollen, nicht auf Gewalt sich gründenden Konsens erst möglich macht. Auch dieses Ringen um gemeinsam vertretbare Begrenzungen des ethischen Pluralismus, um eine revidierbare Gemeinsamkeit im Denken und Handeln ließe sich bereits im Neuen Testament nachweisen[14]. Jenes Konstruktionsprinzip ist somit dasjenige einer »offenen Gesellschaft« und – es wäre zu wünschen: vorbildlich – einer »offenen Kirche«, die – wie schon Ernst Troeltsch es gesehen hat – zugleich ein Gehäuse für die Vielfalt der Überzeugungen sein sollte, wie es die Volks- und Landeskirchen zu sein vermögen, und eine Stätte religiöser Radikalität, die in immer neuem Anlauf darauf dringt, daß aus unverbindlichem Nebeneinander verbindliches Miteinander wird. So erst entsteht eine Gesinnung kritischer Religiosität, die das radikale Element des Glaubens mit der historischen Kritik aufgeklärten Geistes glaubwürdig verbindet.

14. Vgl. die Kritik W. Schrages an dem Aufsatz von Eduard Schweizer: Ethischer Pluralismus im Neuen Testament; *W. Schrage*: Korreferat zu »Ethischer Pluralismus im Neuen Testament«, in: Evangelische Theologie Nr. 5, 1975.

5. *Bemerkungen zur These vom natürlichen Tod**

In seinem Buch »Der Tod. Schicksal und Aufgabe« schreibt ROBERT LEUENBERGER: »Christlicher Glaube nötigt dem Menschen auch in bezug auf die Todesfrage nichts auf, was vernünftiger Einsicht und natürlicher Erfahrung widerspricht. Er will dem Menschen lediglich dazu verhelfen, den Tod in seiner wahren Macht zu erkennen, ohne ihm im Herzen verfallen zu müssen. Er will den Menschen dem Tod gegenüber wahrhaftig und zugleich vertrauend machen. Das aber wäre unmöglich, wenn dem Menschen etwas zugemutet würde, was nicht aus sich selbst heraus einzuleuchten vermöchte. Einzuleuchten vermag uns aber nur eine Wahrheit, die so einfach ist, daß wir sie im Grunde immer schon hätten wissen müssen, wenn wir nur selber einfach und menschlich genug wären.«[1]

Das sei einmal versucht: einzusetzen bei den Problemen, die der Tod uns – heute – stellt, um, wenn möglich, auf dem Grunde der gegenwärtigen Erfahrung auf jene einfache Wahrheit zu stoßen, die einleuchten könnte oder an der zumindest die Geister sich scheiden können.

* Erstmals veröffentlicht in der Festschrift für *Ernst Steinbach*: Der Wirklichkeitsanspruch von Theologie und Religion, hg. von *D. Henke u. a.*, Tübingen 1976, S. 183–198.

1. 2. Aufl., Zürich 1973.

I. Der Begriff des natürlichen Todes

Es ist eine schlechte Gewohnheit von Theologen, die Welt – wie DIETRICH BONHOEFFER sich ausdrückte – madig zu machen, das heißt, immer nur ihre schwachen und faulen Stellen hervorzukehren, um desto besser die Vorzüge des christlichen Glaubens anpreisen zu können. Im Hinblick auf den Tod und die Todeserfahrung in unserer Zeit äußert sich jene schlechte Gewohnheit in der Anklage, die moderne Gesellschaft verdränge das Todesbewußtsein. Sie verleugne die Macht des Todes, die jedem unausweichlich sein Ende setzt. Nicht mehr zu bedenken, daß wir sterben müssen, bedeute aber, daß wir Gefahr laufen, oberflächlich zu leben und auch: uns leichtfertig einzufügen in die sozialen und politischen Verhältnisse, seien diese nun am Fortschritt oder am Beharren orientiert. Der Tod, so scheint es, macht widerstandsfähig, er verschafft uns Abstand und Augenmaß für das Wesentliche.

Daß dies nicht ganz falsch sein kann, liegt auf der Hand. Wenn es trotzdem eine schlechte Gewohnheit genannt wurde, im Stil solcher Zeitkritik zu reden, so deshalb, weil sie viel zu allgemein ist, um wahr sein zu können, und weil überhaupt die Beschwörung der Macht des Todes stets nur ein »letztes« Wort sein sollte. Vorher – und gewiß also, theologisch gesprochen, in einem Bereich des »Vorletzten« – bleibt viel zu tun, um das Verhängnis des Todes wie irgend möglich abzuwenden, seine Macht zu brechen. Es empfiehlt sich daher, über den gründlichen Einwand nachzudenken, den WERNER FUCHS gegen die Behauptung erhoben hat, die moderne Gesellschaft verdränge den Tod[2]. FUCHS hat gleichsam den Spieß umgedreht. Verdrängung des Todes, so sieht er es, sei gerade ein Merkmal vergangener Zeiten, und es geht nicht zuletzt für ihn auf das Schuldkonto des Christentums: den Tod nämlich als Ende geleugnet und entwertet zu haben. Das wirke nun nach in unserer Zeit. Man braucht nur einen Blick auf die Todesanzeigen zu werfen, wo es von dem Gestorbenen heißt: »Er entschlief«, «er ist von uns gegangen«,

2. *W. Fuchs*: Todesbilder in der modernen Gesellschaft, Frankfurt a. M. 1969 (1973).

»er wurde uns entrissen«, »Gott hat ihn zu sich genommen«, »er ist heimgegangen«. Charakteristisch sei es aber eben, sagt FUCHS, daß die farbige Kraft der alten christlichen Todesbilder allmählich verbleiche, farblos werde, man wisse in der Tat nicht viel mehr zu sagen, und wo – fast – nichts mehr ist, stellen sich solche Formeln ein, bei denen im Grunde niemand ganz wohl sei. Sie passen nicht mehr in unsere Zeit.

Auch R. LEUENBERGER spricht in seinem Buch von der »Spracharmut vor dem Tode«, einer Spracharmut, die so allgemein ist, daß auch der Theologe von ihr betroffen wird. Was ist das aber, diese Spracharmut vor dem Tode, und welche Ursachen hat sie?

Eine erste Ursache liegt nahezu auf der Hand: Der Tod ist für uns die Grenze unserer Vorstellungskraft. Wir leben nicht mehr in einer Welt – und das heißt auch: in einer Sprachwelt –, in der Zeit und Ewigkeit aneinandergrenzende Räume darstellten, ja, wo die Ewigkeit die kurze Spanne des irdischen Daseins gewaltig überwölbte und anschaulich da war. In einem solchen metaphysischen Weltbild war der Tod nicht etwa ein harmloses Ereignis. Verharmlost hat man ihn vielmehr *erst später*, wovon noch heute die Beliebtheit von Redewendungen zeugt, die den Tod einem Schlaf vergleichen. Für die *ältere* Vorstellungswelt war der Tod dagegen ein Übergang entweder in die Seligkeit des Paradieses oder in das Leiden der Hölle. Aber eben: Der Schrecken des Todes, die Angst des Sterbens – sie waren nicht so sehr ein buchstäblich namenloses Grauen vor dem Nichts, sondern Furcht vor jenem »Donnerwort der Ewigkeit«, welches Gericht bedeutete. Die Furcht vor dem Gericht, und das heißt, die durchaus bestimmbare Angst, die aus dem Bewußtsein der Schuld des Menschen vor Gott aufstieg, beherrschte die Vorstellung.

Das ist anders geworden, und es wird wohl auch dabei bleiben. Der Tod ist die Grenze unserer Vorstellungskraft. Es ist hingegen festzuhalten, daß mit der Spracharmut vor dem Tode jenes »namenlose« Grauen vor dem Nichts aufkommt und bewältigt werden muß. Indessen ist noch eine zweite Ursache für sie zu nennen: Der Tod erscheint nicht nur als die Grenze unserer – wissenschaftlich geprägten – Vorstellungskraft, sondern auch als die Grenze unserer – technisch bedingten – Verfügungsmacht. Beides zusammen bildet den Rahmen, in welchen sich zeitgemäße Todesbilder einpassen müssen, den Rahmen einer wissenschaftlich-technischen Zivilisation, die den Tod nurmehr *als Grenze* wahrnimmt.

Diese Bemerkung führt auf den Einwand von W. FUCHS zurück. Verdrängt worden – dies also seine These – sei das Faktum des Todes eher in der vorwissenschaftlichen, vortechnischen Zeit der menschlichen Geschichte. Heute beginne sich demgegenüber erstmals ein realistischer Todesbegriff durchzusetzen. Das gehe allerdings nur langsam vonstatten, weil die alten Bilder, die den Tod als Übergang sehen, noch nicht ganz dahingeschwunden seien. Sie versperren einer neuen, modernen Sprache den Weg. Jene auffällige Spracharmut vor dem Tode wäre dann also lediglich ein Merkmal des epochalen Wandels von unrealistischen zu realistischen Vorstellungen, und der Eindruck einer typisch modernen Todesverdrängung, den sie hervorruft, wäre ein Trugschluß. In Wirklichkeit wäre es eine Verleumdung der modernen Gesellschaft, zu unterstellen, daß es zu ihrem Wesen gehöre, den Tod zu verdrängen. »Verdrängen« ist ja ein Wort, welches die psychoanalytische Assoziation weckt, man sei unfähig, sich konstruktiv mit einem biographisch einschneidenden und beunruhigenden Ereignis auseinanderzusetzen. Tatsächlich liegt es nahe zu vermuten, daß sich hinter der schlechten Gewohnheit, die Verdrängung des Todes durch die moderne Gesellschaft zu behaupten, eine Kritik an eben dieser wissenschaftlich-technischen Gesellschaft verbirgt, denn unterstellt wird ja, daß eine bewußte Wiederanerkennung des Todes, mit ihr unvereinbar, entweder zurück in eine prämoderne oder vorwärts in eine postmoderne Gesellschaft führen müßte.

Gegen diese Verleumdung unserer Gesellschaft richtet sich nun die Gegenthese, es sei durchaus schon möglich, vielmehr noch: es liege unabweisbar im Gefälle eines konsequent modernen Denkens, ein neues Todesbild zu beschreiben, auch mit den – zugegeben – kargen Mitteln der naturwissenschaftlichen Sprache. FUCHS nennt es das Bild des *»natürlichen Todes«*. Mit diesem Ausdruck ist gemeint: Die moderne Gesellschaft erkennt erstmals an, daß der Tod ein endgültiges Ende ist. Das aber ist wiederum keineswegs das Resultat einer müden Resignation, sondern eines harten und zähen Kampfes gegen den *unnatürlichen* Tod, den frühere Zeiten leichter hingenommen, sogar noch gerechtfertigt und für Gewalttaten genutzt haben, der aber für unsere Zeit unerträglich geworden ist – denn wo der Tod ganz ernst wird, wird auch das Leben ganz ernst. So formuliert, ist dies ein zutiefst christlicher Satz. Die Wende von jenem metaphysischen zu einem wissenschaftlich-technischen Weltbild ist ja kein Grund zur Klage; sie bedeutet doch auch eine Blickwendung, die den Wert des irdischen Lebens in neuartiger Weise erkennen lehrte. Die Lebenszeit des Menschen erhält ein Gewicht, das ihr vordem nicht zukam. In ihr gilt es, sich nicht nur zu bewähren, sondern etwas aus ihr zu machen, sie zu gestalten. Das Leben des einzelnen, genauer noch gesagt, wird aufgewertet, und das heißt nicht zuletzt, daß sein eigener Tod zum Thema wird. Es muß nun von höchstem Interesse sein, daß wir unser Leben voll ausschöpfen, ganz ausleben können, daß nicht der blinde Zufall eines schnellen und plötzlichen Todes seine Reife verhindert.

Darum also geht es: Der Kampf der Moderne gilt dem gewaltsamen, vorzeitigen Tod, dem Tod in Kriegen, dem Hungertod, dem Verkehrstod, dem Tod im Streß. Und dieser Kampf um »neue Grenzen«, der den lähmenden Bann des Todes durchbricht, ist in eins damit ein Kampf um die Verminderung des Leidens überhaupt, Kampf gegen Krankheit, gegen Schmerzen und gegen das vorzeitige Altern. Von dem, was da schon geschehen ist, leben wir alle; kein Grund, *diese* »Verdrängung« des Todes an den äußerst möglichen Rand des individuellen Lebens zu verleumden.

Der Begriff des »natürlichen Todes« ist, wie man sieht, ein sozialethisch höchst bedeutsamer und sympathischer. Er ist von dem leidenschaftlichen Interesse an der Verminderung des Leidens und der Bejahung des Lebens getragen – und auch das ist ein zutiefst christliches Interesse. Es steckt darin eine fruchtbare Utopie auf dem Boden der modernen Gesellschaft. Denn eben: der »natürliche Tod«, oder anders, das ausgelebte Leben soll zum Zielzustand werden, es soll geplant und »hergestellt« werden. Das hieße aber tatsächlich, daß der Tod *nicht* an den Rand des Bewußtseins und des gemeinsamen Lebens gedrängt werden dürfte; es ginge ja gerade darum, den einzelnen die Fülle der menschlichen Verhältnisse und sinnvollen Leistungen zu erhalten: Die Alten also nicht vor dem Tode schon beiseite zu schieben, den Pensionierungstod nicht hinzunehmen, vielmehr: alt und jung in ein dichtes Beziehungsfeld zu integrieren. Daß dies eine »reale Utopie« ist, zeigt sich daran, daß Kommunalpolitiker und Städteplaner es bereits als eine dringliche Aufgabe betrachten, eine humane Präsenz des Alterns und Sterbens inmitten des Gemeinwesens zu ermöglichen, eine sinnvolle Teilnahme am normalen Lebensganzen, ohne welche das Alter schon »die Züge des Todes vorwegnimmt« (W. FUCHS). Und wieder zeigt sich auch hier, daß eine theologische Sicht des Todes mit der modernen Erkenntnis übereinstimmt. In seinem Buch »Tod« definiert EBERHARD JÜNGEL, Tod sei der Eintritt von totaler Verhältnislosigkeit[3]. Allerdings, gerade damit brechen nun Fragen auf, daß der Tod auch für den Theologen nicht nur Schicksal, sondern Folge von Schuld ist. Der Tod, sagt JÜNGEL, sei *das Fazit des Dranges in die Verhältnislosigkeit*. Gemeint ist durchaus auch hier, vom Alten Testament her, der vorzeitige Tod, nicht der Tod Abrahams, dem verheißen war: »Du aber sollst in Frieden zu deinen Vätern eingehen und im hohen Alter begraben werden.« Von ihm hieß es dann, er starb, als er »alt war und lebenssatt«.

Die Fragen, die hier aufbrechen, stellen sich mit dem Begriff des »natürlichen Todes«. Tod, sagt FUCHS, sei dem Ziele nach »friedliches Verlöschen«. Dies könne man anerkennen. Aber eben: Kann man es wirklich? Liegt hier nicht doch sozusagen ein Utopieüberschuß vor, der einen neuen Ansatzpunkt verlangt? Was das Postulat des »natürlichen Todes« zu leisten vermag, ist zweierlei: Es macht zum einen konsequent ernst mit der intellektuellen Erkenntnis, daß der Tod die Grenze unserer Vorstellungskraft ist. Der Tod, sagt R. LEUENBERGER, gelte uns als das Realissimum aller Tatsachen. Wer hinter diese Einsicht zurückgehen will – auch als Christ –, macht sich auf den Weg in die Hinterwelt, er denkt illusionär. Zum andern aber macht es konsequent ernst mit der ethischen Erkenntnis, daß der Tod die Grenze unserer Verfügungsmacht ist: *Deshalb* in allem Ernst für das Leben zu sein und mit allen Mitteln gegen den unzeitigen Tod zu kämpfen, ist ein Gebot, welches jedermann einleuchten kann.

3. Stuttgart 1971; Gütersloh 1979 (GTB-Siebenstern 339).

Eins aber leistet jenes Postulat nicht: Es nimmt uns nicht ohne weiteres jenes »namenlose Grauen« vor dem Nichts. Dies sei allerdings nur vorsichtig so gesagt. Es könnte sein – auch LEUENBERGER macht darauf aufmerksam –, daß mit dem modernen Todesrealismus auch eine neue Todesbeziehung entsteht, die das eigene Ende als eben naturgegeben verarbeitet, es bewältigt vielleicht auch in einer neuartigen kreatürlichen Demut, die sich fügt in das Schicksal des Werdens und Vergehens, sich nicht so wichtig nimmt. Wie dem auch sei: In schroffem Gegensatz zu einer solchen Haltung steckt im Bewußtsein von der Grenze des eigenen Lebens jedenfalls der Stachel eines Gesetzes. Man kann es – gewiß in theologischer Redeweise – das Gesetz der Selbstverwirklichung nennen. Dies also heißt gerade, das eigene Leben wichtig zu nehmen, es auszuschöpfen, es nicht zu verfehlen; und es macht wohl auch gerade die typisch moderne Form der Todesangst aus, daß sie zur Lebensangst wird, Angst, wie P. TILLICH es beschrieb, um den Sinn des eigenen Lebens, das in so hohem Maße der eigenen Kunst und Fähigkeit, es zu führen, überantwortet ist.
Hier wird ein Widerspruch deutlich, den der Begriff des natürlichen Todes nicht aufzulösen vermag. Man könnte sagen: Es ist ein Widerspruch zwischen Logik und Leben. Logisch ist es nämlich richtig, und es wird auch soziale Folgen haben, daß die realistische Anerkennung des Lebensendes zum Protest wird gegen die vorzeitige Abschaltung der Alten und Kranken und gar der Sterbenden aus dem gemeinschaftlichen Lebensprozeß. Jedermann eben leuchtet das ein, daß er sich selber schweren Schaden zufügt, wenn er sich nicht gegen den unnötigen Eintritt in die totale Verhältnislosigkeit auflehnt, und das kann wirksam nur nach der Goldenen Regel geschehen: Was du nicht willst, das man dir tu, das füg auch keinem andern zu. Das ist die Logik eines sympathischen Postulates. Das Gesetz der Selbstverwirklichung regiert aber das Leben: Unter dem Zwang nämlich, biblisch gesprochen, sein Leben gewinnen zu müssen, keine Einbuße an möglicher Lebensfülle durch überflüssig erscheinendes Leiden hinnehmen zu wollen, wird der einzelne auf sich selbst zurückgeworfen. Das ist der »Drang in die Verhältnislosigkeit«. Und das ist in der Tat eine sehr moderne Auslegung der biblischen Sicht des Todes, die diesen in einer unentwirrbaren Verstrickung von Schuld und

Schicksal sieht: Logisch erkennt man das Bessere wohl, aber die Sorge um das eigene Leben spricht das entscheidende Wort.

An dieser Stelle erst stößt man auf den zentralen Punkt der Todesfrage. Die Integration des Todes, das heißt: der Alternden, Leidenden und Sterbenden, in das Bewußtsein und das Handlungsgefüge unserer Gesellschaft setzt die Bereitschaft und die Fähigkeit voraus, sich mit dem Tod – und das heißt: mit dem Leiden und dem Sterben – des *anderen* Menschen zu belasten. Der Last, die der Nächste mit seinem Leben bedeutet, aus dem Wege zu gehen, ist gewiß keine besonders moderne Gesinnung. Wohl aber wird sie durch das zivilisatorische Niveau einer modernen Gesellschaft erleichtert und gleichsam angesonnen: Es *ist* ja weitgehend möglich, das Leiden, das Altern, das Sterben nun doch sehr nachhaltig an den Rand der Gesellschaft, in eine Zone des Unwertes, zu drängen, es sich aus den Augen und aus dem Sinn zu schaffen. Jener Widerspruch zwischen Logik und Leben wird aber da konkret und dramatisch, wo der einzelne Mensch sehr wohl weiß, daß er, leidend, auf die Teilnahme der anderen angewiesen ist, während er sich dennoch veranlaßt sieht, den anderen, soviel an ihm ist, nicht zur Last zu fallen. Denn das Gesetz der Selbstverwirklichung fordert eben: daß der Wert des Menschen nach dem Maß seiner einsatzfähigen Lebenskraft bemessen wird. Auch das ist keine Kritik an »der modernen Gesellschaft«; nicht das »Leistungssystem« ist schuld daran, daß Leistungsschwäche als Unwert erscheint, sondern jenes Erbübel einer Lebenssorge, die sich der sozialen Hilfsmittel nur bedient.

Jetzt zeigt sich aber auch, *daß das Zielbild des »natürlichen Todes« nicht genügt. Es ist noch nicht realistisch genug.* Die Beschreibung des Todes als »friedliches Verlöschen« ist vielmehr selbst noch beschönigend, verdrängt also noch den Blick auf das kümmerliche, bedürftige Ende des Menschen. Es hat deshalb auch nicht die Kraft – wie auch E. Jüngel sagt –, eine neue Einstellung zum Tode zu bewirken; es ist nicht wahrhaftig genug. Eine wahrhaft realistische Vergegenwärtigung des Todes müßte zu dem Eingeständnis führen, daß sich wohl gegen den vorzeitigen Verfall, nicht aber in letztem Ernst gegen den Tod kämpfen läßt. Er wechselt, wo man das versucht, nur die Gestalt und tritt unter der Maske der Lebensangst auf. Erst diese

Erkenntnis kann zu einer Krise der Todeseinstellung führen; und eine Aussage, in welcher Glaube und Erfahrung sich treffen, ist es bereits, wenn man sagt: Man kann den Tod nicht im letzten Ernst bekämpfen, weil das Leben nur ärmer wird, wenn es sich gegen jede Einbuße wehrt. Kann man aber dem Tode gegenüber vertrauend sein?

II. Die geistliche Dimension des Todes

Das Zielbild des »natürlichen Todes« genügt nicht. Das muß aber nicht heißen, es beiseite zu tun. Es lohnt sich vielmehr zu fragen, wie es sich mit dem Sterben wirklich verhält, und dabei den Gedanken des Protestes gegen den vorzeitigen Tod und das vermeidbare Leiden nicht zu vergessen. Bei der Frage nach einer neuen Einstellung zum Tod kann die Dissertation von ULRICH EIBACH ein Stück weiterhelfen: »Recht auf Leben – Recht auf Sterben.«[4] EIBACH hat – im Interesse eines anthropologisch fundierten Beitrags der Theologie zur Grundlegung einer medizinischen Ethik – eine Reihe von psychologisch-empirischen Studien zum Verhalten Sterbender gesichtet, darunter nicht zuletzt die bekannten »Interviews mit Sterbenden« von ELISABETH KÜBLER-ROSS[5]. Auch von dieser Seite wird die gängige Behauptung von der Verdrängung des Todesbewußtseins auf ihre Wahrheitsmomente hin untersucht. Wiederum nämlich wird deutlich, daß die – nie ganz gelingende – Verdrängung der Todesangst anthropologische und soziale Ursachen hat; die kreatürliche Todesfurcht verbindet sich mit der Spracharmut vor dem Tode. Indessen zeigt sich, daß der Sterbende einen tiefgreifenden Prozeß der Wesensveränderung durchmacht. Typisch für diesen Prozeß – dies braucht hier nur kurz berichtet zu werden – sind fünf Phasen. Die erste Phase ist die der Verneinung, der Verdrängung, des Nichtwahrhabenwollens, ausgelöst durch den Schock der Erkenntnis, daß die Krankheit tödlich ist. Die zweite Phase ist die der Auflehnung,

4. Wuppertal 1974.
5. 2. Aufl., Gütersloh 1974 (1. deutsche Aufl.: Stuttgart 1969).

der Empörung und des Zorns über das Schicksal, das einem widerfährt. Die dritte Phase, nur flüchtig, ist die, in welcher der Patient mit den Ärzten, oft auch mit Gott, um eine Verlängerung seiner Lebensfrist feilscht. Dem folgt in einer vierten Phase tiefe Depression, Bitterkeit und Verzweiflung, oft aber auch die Erkenntnis von Schuld und Versagen. Dabei kann es bis zum Tode bleiben. Es sei aber, so wird gesagt, auch möglich, daß der Sterbende realistische Hoffnung auf die Zukunft erlebt, indem er in seinem Sterben einen Sinn und die Erfüllung seines Lebens entdeckt. Solche Hoffnung habe es nicht mit Besserung oder Genesung zu tun, sondern mit dem Prozeß des Sterbens und auch einem Leben nach dem Tode. Es gehe dann um Fragen wie den Verzicht auf künstliche Lebensverlängerung um jeden Preis, die Aussicht auf Schmerzfreiheit oder die Möglichkeit, einen anderen Menschen in der Sterbestunde bei sich zu haben. Wie auch immer: In der fünften Phase kommt es bei normalem Verlauf zu einer Einwilligung in das Sterben; nach E. Kübler-Ross handelt es sich dabei im wesentlichen um eine Entwicklung, die von der intellektuellen Einsicht zu einer emotionalen Antwort auf die Erkenntnis des unausweichlichen Sterbens führt.
U. Eibach resümiert an dieser Stelle (S. 55): »Hat sich der Kranke durch die Qualen und Ängste hindurchgearbeitet, so erlischt die Hinwendung zur Umwelt; Dinge der Welt, auch die Familie und alles, was hinter ihm liegt, interessieren ihn nicht mehr. Er beschäftigt sich mehr mit zukünftigen als mit vergangenen Dingen. Er fragt nicht mehr nach Diagnose und Prognose, die Kommunikation vollzieht sich mehr in Gesten als in Worten, die schweigende Gegenwart von Angehörigen wird erwünscht, die Loslösung von der Welt ist vollzogen, was auf den Außenstehenden die Erscheinung der besonderen Stille des Todkranken macht. Die Stille zeigt die Bereitschaft zum Sterben an. Der Tod ist dann meist nicht mehr fern.«
Wie auch immer es sich mit der Normalität eines solchen »normalen« Verlaufs verhalten möge: es gibt ihn also, den »natürlichen Tod«, das friedliche, einverständlich-versöhnte Erlöschen des Lebens. Aber eben: In der Tiefe dieses Vorgangs wird ein anthropologisches Phänomen – wahrhaft ein Grund-Phänomen – erkennbar, auf welches vielleicht gerade der kritisch geschulte Theologe nur zurück-

haltend eingeht, das jedoch unübersehbar da ist: *das menschliche Phänomen der Hoffnung*. Diese Hoffnung macht eine Wandlung durch, aber sie bleibt; sie richtet sich nicht mehr auf Bestimmtes, schon gar nicht mehr auf die wissenschaftlich und technisch gerüstete Macht von Menschen. Sie geht eher ins Unbestimmte jenseits der Grenze. Gewiß ist hier äußerste Vorsicht geboten; diese »letzte« Hoffnung ist euphorisch, ist selbst nicht eindeutig zu bestimmen und durchaus nicht geeignet, den Glauben an ein Jenseits zu stützen. Sicher sei nur soviel, sagt U. Eibach mit guten Gründen, »daß eine Sterbehilfe, ein Sterbebeistand sich entsprechend der Wandlung der Hoffnung von innerweltlichen Hoffnungen auf eine Vollendung in einer nicht innerweltlichen Zukunft« (– aber vielleicht ist das nun doch schon zuviel gesagt –) »auch wandeln müssen, denn das Sterben und der Tod haben offenbar eine ‹metaphysische‹ oder – christlich gesprochen – ›geistliche‹ Dimension« (S. 60).

Bevor sich zu dieser Aussage zurückkehren läßt, ist noch ein weiterer Schritt zu tun. Das Zielbild des »natürlichen Todes« vermag nicht zu verhindern, daß der Wert des Menschen nach dem Maß seiner einsatzfähigen Lebenskraft bemessen wird. Das soll nicht heißen, er werde nach seinem Nutzwert beurteilt; das wäre wieder kulturkritisch verengt ausgedrückt. Jedenfalls aber kann der Kampf gegen den vorzeitigen und gewaltsamen Tod auch die Bedeutung erlangen, dem Tod durch das Unwerturteil der Mitmenschen und durch die vernichtende Verzweiflung am Sinn seines Lebens zuvorzukommen. Den Tod nur als die *Grenze* unserer technischen Verfügungsmacht anzuerkennen, schließt ja durchaus ein, daß wir ihm das Recht, unserem Leben schicksalhaft ein Ende zu setzen, so weit wie möglich bestreiten können. Ein Recht auf Selbstbestimmung bis an die äußerste Grenze zu beanspruchen, hieße dann eben auch noch, den Zeitpunkt seines Todes selbst zu bestimmen und die Mittel zu wählen, die es erlauben, so »friedlich« wie unter den gegebenen Umständen noch immerhin möglich zu sterben – zu sterben, um körperlich oder geistig übermächtigem Leiden zu entrinnen. Stolz und rebellisch klingt Friedrich Nietzsches Wort: »Meinen Tod lobe ich euch, den freien Tod, der mir kommt, weil ich will.« Die christliche Tradition hat solchem Anspruch auf Selbsttötung den Glaubenssatz entgegengestellt, daß wir unser Leben von Gott als eine Gabe erhalten, die wir ihm zurückzugeben schuldig sind. Das begrenze unser Verfügungsrecht über das Leben. Unbedingt hat das Verbot der Selbsttötung allerdings nie gegolten, und wenn wir auf der einen Seite heute empfindlicher auf das Pathos eines Satzes reagieren, der uns mahnt: »Das Leben ist der Güter höchstes nicht«, so wird es uns doch auf der anderen Seite schwerer, die Selbsttötung grundsätzlich zu verwerfen. Als angeblich unverfügbar hat vieles gegolten, und wir haben lernen müssen, daß doch nichts unserer eigenen Verantwortung entzogen bleiben kann, nicht obwohl, sondern weil uns das Leben anvertraut worden ist. Da allerdings steckt der gültige Kern des Verbots: Jene einsam-stolze Selbstbestimmung, die NIETZSCHE meinte, ist Hochmut. Jedermann steht in menschlichen Beziehungen und sachlichen Verhältnissen, die ihm Verantwortung übertragen, so daß er sich nicht selbstherrlich entziehen kann, ohne schuldig zu werden. Wie aber, wenn er sich nun doch aus solchen Beziehungen und Verantwortungen ausgeschaltet vorfände?

Das ist der springende Punkt in der gegenwärtigen Diskussion über Selbsttötung und Sterbehilfe, Tötung auf Verlangen und Sterbenlassen. Der ganze, schwierige Problemkreis »Euthanasie« braucht hier nicht abgeschritten zu werden; für diese Bemerkungen genügt ein Aspekt, der allerdings genügend Licht auf das Ganze wirft. Wichtig ist schon die Beobachtung, daß es zwischen Selbsttötung, Tötung auf eindeutiges Verlangen und Tötung ohne bewußte Einwilligung – und bei letzterem wiederum im Hinblick darauf, ob es sich um Todkranke oder um sonstwie schwer Beschädigte und Behinderte handelt – zwar erhebliche moralische Unterschiede gibt, daß diese Unterschiede aber in einer verbindenden Frage zu erscheinen pflegen, nämlich der nach dem Wert des menschlichen Lebens. Diese Fragestellung bietet ihren Befürwortern auch den Vorteil, daß sie auf alle Fälle anwendbar ist, die in der Praxis – anders als für die moralische Argumentation – unklar sind. So läßt sich eben die Frage, wie »zurechnungsfähig« jemand ist, der seinen Tod wünscht, schwer beantworten; und die Situation dessen, der sich bereits in der letzten Phase seines Lebens befindet, läßt klare Entscheidungen kaum mehr zu. Diese Sterbephase ist aber auch so verschieden von der Lage eines

Menschen im »Vollbesitz seiner Kräfte«, daß die Gültigkeit von Entscheidungen, die er für den »Ernstfall« einmal getroffen haben mag, höchst fragwürdig ist. Um mit diesen Problemen fertig werden zu können, wird der Versuch gemacht, den Wert des menschlichen Lebens so exakt wie möglich zu bestimmen.
Auch das braucht nur erwähnt zu werden. Die medizinischen und juristischen Definitionen des Todeszeitpunkts ziehen hier nur eine unterste Grenze: Man kann sich heute darauf einigen, daß der unmittelbare Lebenswert und damit der Schutz des sterbenden Menschen mit dem sogenannten Hirntod erlischt, dem unumkehrbaren Funktionsausfall des ganzen Gehirns. Danach ist der »Wert« des Menschen nur noch mittelbar zu bestimmen, sein Leichnam ist ein Objekt, das seiner Verfügung endgültig entzogen ist. Aber eben: *Diese Definitionen sind Grenzbestimmungen,* die sich aus einer oft mit vagen Begriffen geführten philosophischen und theologischen Diskussion herleiten. Sinnvoll ist die Bestimmung des Gesamthirntods als Wertgrenze nur deshalb, weil der völlige und unaufhaltsame Ausfall des Selbstbewußtseins als Kriterium gilt. Was ist das aber? Geschieht das nicht schon, wenn das Großhirn versagt, weil dann nur noch eine vegetative Existenz in dauernder Bewußtlosigkeit möglich ist? Und könnte man dann nicht so weit gehen, wie der frühere Bonner Studentenpfarrer STEPHEN DIXON vorschlug? DIXON machte sich die These vom Großhirntod als Menschentod zu eigen und bezeichnete in der Konsequenz dieser Definition auch angeborene Idiotie als »Tod-geborenes«. Der Zürcher Arzt JÜRG WUNDERLI, der das in seinem Buch »Euthanasie oder Über die Würde des Sterbens« diskutiert, sagt mit Recht, daß eine solche Argumentation außerordentlich gefährlich sei, und er fragt, ob nicht Spuren von Seelenleben auch im Stammhirn lokalisiert sein könnten[6]. Ähnlich fragt auch HELMUT THIELICKE, bei welcher unteren »Grenze von Spurenelementen« man nun wirklich vom Erlöschen des Selbstbewußtseins sprechen dürfe[7]. Er meint – wie auch WUNDERLI –, daß Selbstbewußtsein sich *kommunikativ* äußere, und zwar so, daß Spuren eines

6. Stuttgart 1974.
7. *H. Thielicke*: Wer darf leben?, München 1970.

Subjektseins sich in der Möglichkeit mitmenschlicher Kontakte noch zeigten, in der *Ansprechbarkeit* zum Beispiel.

Thielicke sagt: »Ich glaube, daß es ein Irrweg wäre, diese Spurenelemente nach rationalen Maßstäben zu beurteilen, und ich erinnere mich an einiges, was Fritz von Bodelschwingh, der ja hier besondere Erfahrungen besaß, über seinen Umgang mit tief Verblödeten zu berichten wußte. Er meinte Reaktionen festzustellen, die bei der Zuwendung von Liebe spürbar seien, vielleicht auch bei einem Choral oder einem Wort der Heiligen Schrift. Sogar einem Selbstbewußtsein gegenüber, das sich nicht mehr im artikulierten Wort äußert und sich in Dimensionen abspielt – wie vielleicht beim Schizophrenen –, die unserem hermeneutischen Eingriff entzogen sind, würde ich nicht wagen, jene Signatur des Menschlichen einfach zu bestreiten. Es könnte sein, daß ein Sterbender in einem Umgang steht, der menschliche Kommunikation längst hinter sich gelassen hat, der aber gleichwohl ein Selbstbewußtsein sui generis enthalten könnte. Darum wäre wohl nur der völlige Ausfall des Selbstbewußtseins jene untere Grenze, die die humane Existenz vom biologischen Präparat unterscheidet« (S. 25).

Bei dieser Auslegung wird indessen schon eine Linie beschritten, die von der Definition menschlichen Lebens als selbstbewußten zu der weitergefaßten des menschlichen als personalen Lebens verläuft. Tatsächlich wird häufig vorgeschlagen, den »Persontod« als Ende des Menschen zu bezeichnen. Wer sich hingegen nur ein wenig im philosophisch-theologischen Irrgarten der Personbegriffe auskennt, weiß, auf welche Abenteuer man sich damit einläßt. Und mehr noch: Müßte sich nicht gerade der Theologe für Wert- und Unwert-Bestimmungen zuständig fühlen, die im Bereich des Moralischen liegen? Wo es heißt, daß das Herz des Menschen böse sei von seiner Jugend an, daß der Tod der Sünde Sold sei, – wie steht es da mit der Frage, wann »eigentliches« menschliches Leben für immer verfehlt und also unwert sei? Nur halb spielerisch, denn es bleibt darin ein Stachel, der noch ein wenig hervorzuziehen sein wird, könnte man doch neben den medizinisch-juristischen Hirntod und den philosophisch-theologischen Persontod den theologisch-ethischen »Herztod« stellen.

Definitionen, sagt E. JÜNGEL, sind Herrschaftsakte. Sie sind, anders gesagt, Eingriffe in einen Lebensprozeß, der sich gewiß nach Stufen und Phasen gliedern läßt, in einen gestuften Prozeß also. Die Zäsuren des Lebens, die sich in den Definitionsversuchen abzeichnen, sind auch keineswegs ohne Bedeutung für die Frage – WUNDERLI diskutiert das eingehend und sorgfältig –, welche Kriterien es geben könnte, um einen Menschen sterben zu lassen. Der Kampf gegen den vorzeitigen Tod kann ja im Zuge des medizinischen Fortschritts umschlagen – H. THIELICKE sagt es so – in einen »Terror der Humanität«, den »Frevel des Inhumanen«. Etwas ganz anderes ist es jedoch, zum Tod eines Menschen beizutragen, indem man »definitiv« darüber befindet, wann sein Leben wertlos sei, kein »eigentliches« menschliches Leben mehr. Definitionen mit dieser Bedeutung von endgültigen Werturteilen sind Willkürakte. Sie haben ihr eigenes Gefälle zur Unmenschlichkeit, auch wenn sie gut gemeint sein sollten. Von jener Unwertbestimmung über angeborene Idiotie ist es nur noch ein kleiner Schritt zu barbarischen Programmen der Vernichtung lebensunwerten Lebens; und wer kann verhindern, daß noch unvorhersehbare Definitionen dessen, was »eigentlich« menschlich und wertvoll sei, ins böse Spiel gebracht werden? Demgegenüber ist es zunächst ratsam, menschliches Leben – wie auch U. EIBACH es ähnlich tut – als jenen leiblich-geistigen Prozeß gelten zu lassen, der sich zwischen den äußersten Grenzen der Empfängnis und des »natürlichen Todes« erstreckt. An dieser Stelle allerdings wird nun eine kritische Bemerkung zum Zielbild des natürlichen Todes notwendig.

Es enthält den richtigen Hinweis auf die Grenze auch der medizinischen Praxis; sterbendes, unwiderruflich sterbendes Leben soll nicht um jeden Preis und mit allen Mitteln erhalten werden, es gibt ein Recht auf den menschenwürdigen Tod. Wiederum aber genügt jenes Zielbild nicht, um auszuschließen, daß man sich aufgrund eines Werturteils darüber verständigt, wann es nun an der Zeit sei, »friedlich zu verlöschen« und dafür Hand zu bieten. Es geht ja um die »Natur des *Menschen*«, das heißt: nicht einfach um die biologische Natur – deren Aspekt das Leitbild des »natürlichen Todes« bei W. FUCHS offenkundig überbetont –, sondern um die Natur, wie sie dem

Menschen eignet. Sollte es also möglich sein, ein »eigentliches« menschliches Leben zu definieren, vor dessen Beginn und nach dessen Ende es sich um noch nicht oder nicht mehr menschliches Leben im strengen Sinn handeln würde, dann könnte auch der Prozeß eines »friedlichen Auslöschens« bei diesen Grenzen einsetzen. Aber eben: Es ist nicht gut möglich; es verbirgt sich – aber nur allzu durchsichtig – in Definitionen eigentlich-menschlichen Lebens die Absicht: das von Leiden gezeichnete Dasein des Menschen, seine Elendsgestalt, nicht gelten zu lassen. »Man sagt heute zwar«, schreibt U. Eibach, »daß man nur die Kranken von den Qualen ›erlösen‹ wolle, die ›sich selbst‹ eine Last werden, wird das Recht auf Tötung dann aber auch sehr schnell auf die ausdehnen können, die anderen und der Gesellschaft zur Last werden.«[8] Eibach steuert noch eine aufschlußreiche Bemerkung bei, die das Bild abzurunden vermag. Die leitende Ärztin einer Londoner Sterbeklinik (C. Saunders, St. Josephs) habe gesagt: »Wenn der Patient um Euthanasie bittet, dann bedeutet das, daß er unverantwortlich schlecht gepflegt wurde.« Das trifft sich mit der Beobachtung, daß Versuche, sich das Leben zu nehmen, sehr häufig einen Appell an die Umwelt ausdrücken, einem Schrei um Hilfe Gehör verschaffen wollen. Im Grunde, so kommentiert Eibach den Satz jener Ärztin, habe der Wunsch nach Tötung seine Ursache eher im psychischen Schmerz des Verlassenseins und Aufgegebenseins des Sterbenden als in den physischen Schmerzen. Das heißt allgemeiner hingegen auch: Der Leidende übernimmt zwar das Unwerturteil seiner Umgebung, seine unterdrückte Hoffnung bleibt jedoch auf menschliche Teilnahme, Anerkennung und Zuwendung gerichtet. Weil sich eben darin aber jedermanns Situation zeigt, gibt es nur eine – man darf vielleicht sagen – unmögliche Möglichkeit, sich um des vermeintlichen Lebensgewinns willen der Belastung mit dem anderen, leidenden Menschen zu entziehen, nämlich die eigene Leidensfähigkeit zu unterdrücken und verkümmern zu lassen. Man muß sein Herz verhärten, und zwar nicht nur gegen fremde, sondern gegen eigene Not und Bedürftigkeit.

8. *U. Eibach*: Tötung auf Verlangen? »Mercy Killing«?, in: Der evangelische Erzieher, Heft 4, 1974.

Hier kommt wieder die geistliche Dimension des Todes ins Blickfeld. Das Zielbild des »natürlichen Todes«, so war wiederholt zu sagen, sei unbefriedigend. Wenn es aber richtig ist, daß von der Natur des Menschen nur so gesprochen werden kann, daß man sich über das Menschliche am Menschen verständigt, dann genügt es trotz aller Vorsicht auch nicht, allein auf den Lebensprozeß zwischen Empfängnis und Tod zu verweisen. Man muß nun doch ebenfalls eine »Signatur des Menschlichen« angeben können; sie darf nur nicht die armselige Gestalt des Menschen hinwegdefinieren, sondern muß sie umschließen. Das läßt sich aber tun, indem man sagt: Hoffnung und Leidensfähigkeit machen den Menschen zum Menschen, denn Hoffnung und Leidensfähigkeit sind der genaue Ausdruck eines endlichen, sterblichen Wesens, welches um seine Endlichkeit weiß und sich in solchem Wissen produktiv zu ihr verhalten kann. Produktiv, das heißt: im Protest gegen das Übel des endlichen Lebens *und* im Überschreiten seiner Grenze. Der Tod des Menschen, das wäre dann also der Tod der Hoffnung und der Leidensfähigkeit. Der Tote, mag er auch noch leben, ist in sich verschlossen. Das Zielbild des »natürlichen Todes« vermag um diese anthropologischen Aspekte einer geistlichen Dimension sinnvoll erweitert zu werden. Welche Folgen das im einzelnen für die medizinische Praxis hätte, bedürfte weiterer Diskussion. Indessen wird eine letzte Bemerkung möglich.
Wir suchten nach einem realistischen Todesbild, einer einfachen Wahrheit, wie R. Leuenberger sagte, die geeignet ist, den Menschen dem Tod gegenüber wahrhaftig und zugleich vertrauend zu machen. Die Wahrheit, daß wir den Tod nicht in letztem Ernst bekämpfen können, ohne ihm – über das Gesetz der Selbstverwirklichung – wieder zu verfallen, ergab sich. Es zeigte sich aber auch, daß zum Menschen, dessen Unfähigkeit, aus sich selber zu leben, gleichnishaft in seinem Leiden und Sterben Ausdruck findet, eine unbezwingbare Hoffnung gehört. Diese Hoffnung richtet sich als end-gültige Hoffnung im Sterben auf nichts Weltliches mehr, sie ist eine »unbestimmte« Hoffnung, die den Bereich des endlichen Lebens radikal überschreitet. Wohin? Das übersteigt auch – und hier war ein skeptischer Einwand gegen allzu weitgehende Aussagen U. Eibachs zu machen – unsere Vorstellungskraft, der Tod ist ihre Grenze. Wenn

jene Hoffnung aber dennoch etwas über den Grund und den Sinn unseres Lebens aussagen soll, dann nur so, daß es in der erfahrbaren Wirklichkeit für sie ein *Symbol* gibt.

Ein solches Symbol ist in der christlichen Religion der Tod Jesu. Mit ihm wird uns eine Lebenshoffnung vorgestellt, die sich durch die letzte Einsamkeit und Verzweiflung durchhält und die Kraft des Lebens aus einer unbedingten Lebensbejahung bezieht. Man kann das nicht scharf genug erfassen. R. LEUENBERGER hat recht, wenn er sagt: »Was die persönliche Existenz Jesu betrifft, so hat Jesus sie am Kreuz preisgegeben. Als der Gekreuzigte und Gestorbene, nicht als der Unsterbliche, ist er auferstanden. Als lebendiges Reden Gottes geht er ein in das Leiden und die Hoffnung der Welt und nicht in der gespenstischen Ungestalt eines Wesens, das zwischen Himmel und Erde umherirrt. Mit anderen Worten: Die Biographie Jesu ist zu Ende und findet keine Verlängerung, weder in einem unbestimmbaren irdischen Fortleben noch im Raum eines jenseitigen Kosmos.« LEUENBERGER sagt: In der Verlassenheit des Sterbens werde Jesus sich selbst entnommen und dem Geheimnis Gottes ausgeliefert. Das eben bezeichnet die Grenze unserer Aussagekraft, durch die hindurch nur, wie Paulus erfuhr, dem Stammeln des Gebets – auch dies: wie einer unmöglichen Möglichkeit – verholfen wird. Die Persönlichkeit Jesu also tritt ganz und gar zurück in das Symbol des Kreuzes, Symbol eines armseligen Sterbens, das die Sorge um das Leben hinter sich läßt und so erst ganz für das Leben frei wird. Ein Symbol des Lebens: Hat EBERHARD JÜNGEL recht, wenn er meint: nur in der Begegnung mit dem Tod Jesu Christi könne es heute zu einer neuen Einstellung zum Faktum des Todes kommen?

6. *Die Verantwortung des Wissenschaftlers*

*Überlegungen aus der Sicht einer theologischen Ethik**

I. Die ethische Frage

1. Zum Problem

Zwei Zitate können in das Thema einleiten. Das erste ist einer Studie des Ökumenischen Rates der Kirchen »Experimente am Menschen« entnommen, das zweite dem Bericht einer Arbeitsgruppe der Societas Ethica »Universität und Ethik«.

1. »Zwischen einem vertrauenswürdigen wissenschaftlichen Fortschritt und den Erwartungen der Öffentlichkeit gibt es Spannungen. Der erstere ist verhältnismäßig langsam und bleibt oft lange im Raum der ›reinen Forschung‹, ohne sofort praktisch angewandt zu werden. Überdies fordert eine ›saubere Wissenschaft‹, daß für alle praktischen Ergebnisse die Arbeitshypothesen durch sorgfältig geplante, überwachte und ausgewertete Versuche gründlich überprüft werden. Die Öffentlichkeit hingegen – handle es sich nun um die ganze Bevölkerung, Regierungen, forschungsfördernde Institutionen, die pharmazeutische Industrie oder Journalisten – besteht auf ›Durchbrüchen‹, das heißt raschen, endgültigen und wirksamen Antworten auf bestehende offene Fragen, Krankheiten und Invalidität. Wie können wir eine Situation vermeiden, in der die Ungeduld der Öffentlichkeit die Wissenschaftler zwingt, sich entweder in ein Glashaus einzuschließen oder aber ›unsaubere Wissenschaft‹ zu betrei-

* Erstmals veröffentlicht in: *H. Aebi und V. Gorgé (Hg.)*: Die Verantwortung des Wissenschafters. Referate der Münchenwiler Tagung des Collegium generale der Universität Bern vom 31. Mai bis 1. Juni 1975, Bern 1976 (Verlag Paul Haupt), S. 31–40. – Das Referat bezog sich auf die industrielle Forschung.

ben, die von kaum oder gar nicht überprüften Hypothesen sofort zur Veröffentlichung von ›festen Tatsachen‹ überspringt?«[1]

2. »Das Betreiben von Wissenschaft erfordert an sich schon ein bestimmtes Ethos. Das dürfte ohne weiteres deutlich sein, denn praktisch kennt jeder Beruf sein eigenes Berufsethos. Der wissenschaftlich Arbeitende kennt eine ethisch bestimmte Relation zur Wahrheit, zu den Mitarbeitern, zur Gesellschaft und zu sich selber. In seiner Beziehung zur Wahrheit muß er vor dieser einen – möglicherweise unbegründbaren – Respekt haben, was für einen Inhalt diese Wahrheit auch immer haben möge. In der Beziehung zu Kollegen und Mitarbeitern muß er auf gemeinsames Überlegen ausgerichtet sein und dazu bereit, die Resultate anderer anzuerkennen und zu würdigen, während ein menschlicher Umgang mit seinen Mitarbeitern vorausgesetzt wird. Was die Gesellschaft betrifft, so ist er verpflichtet, die Resultate seiner Forschung öffentlich zugänglich zu machen und bestrebt zu sein, der Gesellschaft damit zu dienen. Und im Blick auf sich selbst muß er einerseits zur Selbstkritik bereit sein, andererseits eine Hingabe an die Sache, der er dient, aufbringen, die ein gewisses Maß von Askese einschließen kann, zur Pflege und Nutzung eigener Gaben im Dienste der Gemeinschaft.«[2]

2. *Zum Ansatz*

In einem Brief der Societas Ethica, gerichtet an »Instanzen und Personen, die Verantwortung tragen für Universitäten in Westeuropa«, heißt es: Ethik könne nicht auf rein deskriptiver Wissenschaft beruhen, dürfe sich aber auch nicht auf eine spezifische Weltanschauung

1. Experimente am Menschen, Studien des Ökumenischen Rates der Kirchen Nr. 6, Genf 1969, S. 18f.
2. Universität und Ethik, Bericht der Arbeitsgruppe der Societes Ethica, vervielfältiger Tagungsbericht der Jahrestagung 1972 in Chur, S. 5f. Mitglieder der Arbeitgruppe: Prof. Dr. P. J. Roscam Abbing (Vorsitzender), Prof. Dr. B. Delfgaauw, Privatdozent, Dr. U. Gerber, Prof. Dr. G. Nygren. – Die Societas Ethica ist eine Vereinigung von europäischen Universitätsdozenten für Ethik.

stützen; sie solle und könne reflektieren auf das, was ethisch evident und intersubjektiv kommunikabel sei. Nun kann das gewiß nicht bedeuten, daß etwa der theologische Ethiker darauf zu verzichten hätte, einen besonderen ethischen Standpunkt einzunehmen, der nicht sogleich jedermanns Standpunkt sein kann. Wohl aber ist es so, daß auch er die Probleme seiner Ethik in der Regel schon vorfindet, mag er sie dann auch in seiner eigenen Sprache formulieren; und diese Probleme sind überdies oft so neuartig, daß er an den gleichen Verlegenheiten teilhat wie jedermann. Vor allem aber steht es ihm nicht zu, autoritativ zu reden; weil vielmehr sein eigener Standpunkt derjenige eines zeitgenössischen Christen ist, kann sein Beitrag nur in vorläufigen, hypothetischen Antworten bestehen. Er wird sie in eine interdisziplinäre Kommunikation einbringen, mit vernünftigen Argumenten, und von ihr erhoffen, daß sich bei solchem Abwägen wie von selbst herausstellt, in welchem Umfang und mit welcher Tragweite christliches Ethos ein allgemeines Verhalten auf Gegenseitigkeit zu begründen vermag.
Den Angelpunkt seines eigenen Ansatzes wird zweifellos, wie Carl Friedrich von Weizsäcker sagt, »die alte Ethik der Nächstenliebe« bilden. Und es ist sicher ermutigend, wenn dieser meint: »Was aber unserer Vernunft die Augen geöffnet hat und, wo wir sie nicht zu gebrauchen wissen, immer wieder öffnet, ist die Stimme der Nächstenliebe, die wir einmal gehört haben.« Weizsäcker findet: »Die alte Ethik der Nächstenliebe reicht aus, wenn wir sie auf die Realitäten der neuen technischen Welt anwenden.«[3] Einen Punkt der Vermittlung hingegen dürfte tatsächlich jenes Berufsethos darstellen, an welches sich immer schon anknüpfen läßt.

3. Über Maximen

Maximen sind Grundsätze, die normative Regeln ausdrücken, aber stets individuell gefärbt bleiben; sie ermöglichen ein verbindliches und verantwortliches, allgemeines und eigenes Handeln zugleich. Vorschläge für solche Grundsätze können also auch etwas spielerisch

3. *C. F. von Weizsäcker*: Bedingungen des Friedens, Göttingen 1963, S. 19.

angeboten werden. Sie sollten im übrigen, was sich nach dem Vorausgeschickten versteht, so wenig positiven Gebotscharakter wie möglich haben. Es entspricht auch, wie ein Blick auf die Zehn Gebote lehrt, biblisch – christlicher Einstellung, was Jürgen Habermas im Interesse des Übergangs zu einer kommunikativen Ethik vom bürgerlichen Formalrecht sagt: »Handlungen dürfen nicht geboten, sondern nur freigestellt oder verboten werden.«[4] Ihren Ort haben Maximen eines Berufsethos also nur da, wo sie gleichsam die Kristallisate einer Grenzmoral ausmachen, das heißt einen Verhaltens- und Verantwortungsspielraum an den äußersten Grenzen des sittlich Erlaubten abstecken. Mit anderen Worten: Man kann sich und sollte sich in einer freien Kommunikation über dasjenige einigen können, was heute in Anbetracht der wahrscheinlichen Folgen von Handlungs- und Verfahrensweisen unter keinen Umständen gebilligt werden kann. So verstanden, können nun einige Maximen angeboten werden, auf die weiter Bezug genommen werden soll.

Der Chemiker J. Smittenberg (Utrecht) hat unlängst vorgeschlagen, man möge einen Verhaltenscode für Naturwissenschaftler entwikkeln, vergleichbar dem ärztlichen Berufskanon. Er gibt dafür auch ein Beispiel an, nämlich eine Maxime, die der norwegische Chemiker Sven Cyvin aufgestellt hat. Dieser nennt sie einen »hippokratischen Eid für Wissenschaftler«: 1. »I will not use my scientific training for any purpose which to my knowledge is intended to be used to the harm of human beings.«[5] Versuchsweise lassen sich dem zwei weitere Maximen hinzufügen: 2. »Ich werde auch unabgeschlossene Forschungen zur öffentlichen Diskussion stellen, wenn ich die Möglichkeit schwerwiegender schädlicher Folgen für das Gemeinwohl nicht ausschließen kann.« 3. »Ich werde dem unbegründeten Glauben an die Wissenschaft unter keinen Umständen Vorschub leisten.«

Jetzt muß man allerdings noch einmal genau überlegen, was erreicht werden soll. Solche Maximen können für sich genommen eine starke

4. *J. Habermas*: Legitimationsprobleme im Spätkapitalismus, Frankfurt a. M. 1973, S. 123.

5. *J. Smittenberg*: Ethische Aspekte der chemischen Arbeit, in: Zeitschrift für Evangelische Ethik, Heft 3/1972.

Belastung für das Gewissen des einzelnen bedeuten. Sie könnten – und hier wird eine christliche Ethik MAX WEBERS Votum für eine Verantwortungsethik zustimmen müssen – Sätze einer bloßen Gesinnungsethik sein, die sich keinen Deut um ihre Folgen schert. Eine christliche Ethik wird demgegenüber nicht darauf aus sein, die Gewissen, etwas pointiert gesprochen, noch mehr zu belasten, als sie es ohnehin sind. Sie ist vielmehr sehr weitgehend eine Verantwortungsethik, die nach den Konsequenzen ihrer Regeln für die Betroffenen fragt, Wert- und Interessenkonflikte deutlich macht und nach vernünftigen Auswegen sucht. Ethik, so verstanden, ist ein solidarischer Forschungsprozeß, der immer auch nach Möglichkeiten der *Entlastung* von Verantwortung fragt. Eben dies bezweckt der Vorschlag SMITTENBERGS: Auf ein verbindliches Standesethos könnte sich der einzelne Wissenschaftler berufen und stützen. Erreicht wird dieser Zweck aber nur dann, wenn man den Konsequenzen der genannten Maximen unter den vorhandenen Umständen sorgfältig nachforscht; die ethische Frage stellt sich an den Grenzen des Zumutbaren.

II. Die Frage nach den Grenzen der Verantwortung

1. Die Grenze der Loyalität

Die Frage nach den Grenzen der Betriebsloyalität ist die erste, die sich im Hinblick auf die Verantwortung des Wissenschaftlers in der industriellen Forschung aufdrängt. Es liegt auf der Hand, daß die drei Maximen zum Konflikt zwischen dem Ethos des Wissenschaftlers und den Interessen seiner Industrie führen können. Bemerkenswert dürfte es dabei aber sein, daß der schwerwiegendste Gewissenskonflikt ethisch gar nicht besonders interessant ist. Wo nämlich dem Wissenschaftler eine Arbeit zugemutet wird, die nach seinem Urteil und in Abwägung der schädlichen gegen die nützlichen Folgen (– was George Edward Moore die »Bilanz des Guten« genannt hat –) eindeutig unsittlich ist, da steht er auch vor einer unzweideutigen Entscheidung. Hier könnte andererseits ein Berufsethos unmittelbar entlastend wir-

ken. Viel komplizierter stellt sich hingegen der »Normalfall« dar. Wie sieht es nämlich mit der Verantwortung aus, wo keine genügenden empirischen Voraussetzungen für ein begründbares Werturteil gegeben sind, wo also der Sachverhalt nicht geklärt ist?
Um dieses Problem zuzuspitzen, lassen sich genauere Grenzfragen stellen. Um noch einmal einzusetzen: Jene erste, soeben als die einfachste, wenn auch persönlich folgenreichste bezeichnet, war die Frage nach den Grenzen der persönlichen Gewissensbelastung. Der vergleichsweise normale Fall hat es dagegen zu tun mit der Frage nach den Grenzen der sachlichen Entscheidungsfähigkeit. Und eben: Hier kann man weiter unterscheiden, nämlich so: Diese sachliche Grenze kann a) dadurch gesetzt sein, daß ein moralisch relevantes Problem vorläufig, und zwar unvermeidbar, nicht auf zuverlässige Prognosen bezogen werden kann. Ein schönes Beispiel bot im Frühjahr 1975 die Sendung »Kassensturz« im Fernsehen Deutsche Schweiz. Da wurde die Hypothese aufgegriffen, daß der Treibgassatz in Spraydosen nach einiger, vielleicht nicht allzu langer Zeit den atmosphärischen Ozongürtel zersetzen werde. Mutmaßliche Folgen: Hautkrebs durch Strahlungen und anderes mehr. Der ziemlich imperativisch vorgetragene Appell des Reporters an einen Spray-Fabrikanten lautete: die Produktion sei zu stoppen oder umzurüsten. Die Pointe dieses Beispiels liegt nun in der Antwort des Unternehmers. Der nämlich konnte auf die Vermutung eines Universitätswissenschaftlers verweisen (das entsprechende Interview wurde ebenfalls gesendet): nach allen Erfahrungen werde es etwa zehn Jahre dauern, bis man mit einiger Sicherheit voraussagen könnte, was wirklich passieren würde. Die Folgerung des Industriellen: Dann müsse man eben solange abwarten; es sei einfach zu teuer und riskant, auf eine noch unentscheidbare Sachlage hin die Produktion abzubrechen.
Das Problem läßt sich also in die Frage kleiden: »Welche Bedeutung haben vorläufig unentscheidbare empirische Sachverhalte für moralische Entscheidungen?« Es gibt aber noch eine Variante dieser Grenzfrage, die auch zu einem anderen Problemkreis führt. Sachliche Grenzen für die Entscheidungsfähigkeit können nämlich b) auch dadurch gezogen sein, daß ein ungeklärter Sachverhalt durchaus geklärt werden könnte, wenn erheblich mehr Geld, Personal und/oder

fragwürdige Experimente an Tieren und Menschen – eingesetzt werden würden, um die Probleme entscheidungsreif zu machen.

2. *Die Grenze des Systems*

Das Wort »System« kann leicht negative Assoziationen hervorrufen. Es sei deshalb ausdrücklich vermerkt, daß hier keine pauschale Gesellschaftskritik gemeint ist. Vielmehr liegt es in der Art des ethischen Ansatzes, Nutzen und Vorteil der demokratischen und in ihrem Zusammenhang wirtschaftlichen Ordnung in diesem Land bis zum Beweis des Gegenteils zu unterstellen; die Frage gilt denjenigen Grenzen, die sich zeigen, wo das Wirtschaftssystem in bestimmten Bereichen unzulänglich wird. Nicht beabsichtigt ist ebenfalls eine pauschale Kritik des Medizinalwesens, wie sie unter dem Stichwort »Medizin als Gefahr« populär zu werden beginnt. Jenes Stichwort von Theo Löbsack – man denke auch an Ivan Illichs provozierende Thesen – wird hingegen in durchaus differenzierter Weise von dem Physiker A. M. Klaus Müller, einem Schüler Günter Howes und C. F. von Weizsäckers, abgehandelt, auch darauf sei hingewiesen[6]. Worum es also geht, ist eine möglichst klare Bezeichnung von Grenzen der Verantwortlichkeit im Pharmaziebereich.
Eine erste kann genannt werden: a) die Grenze des Machbaren. Damit soll – an dieser Stelle – nicht die allgemeine Frage aufgeworfen werden: »Soll man alles machen, was man machen kann?« Angesichts der »Grenzen des Wachstums« ist diese Frage vergleichsweise inaktuell gegenüber der anderen: »Kann man das machen, was gemacht werden sollte?« Nämlich: um sichere Ergebnisse im Hinblick auf Nutzen oder Schädlichkeit pharmazeutischer Produkte zu erzielen. Man kann es offenbar schon wegen der Kontrollauflagen nicht ohne weiteres im Rahmen der wirtschaftlichen Wettbewerbsordnung, weil sogar für Großindustrien der Spielraum für langfristige und gar zweckfreie Forschung kommerziell zu eng zu sein scheint. Das Problem verschärft sich hingegen noch bei einer zweiten Grenze: b) der Grenze der Absatzsteigerung. Ist es nicht so, zugespitzt

6. *A. M. Klaus Müller*: Die präparierte Zeit, Stuttgart 1972.

gefragt, daß der einzelne Wissenschaftler in der Industrie seine Verantwortung nur dann sachgemäß wahrnehmen könnte, wenn sichergestellt wäre, daß Gesundheit keine Ware wie andere Verbrauchsgüter auch ist? Das ist, wie gesagt, keine Frage einer globalen Kapitalismuskritik. Sie stellt sich vielmehr erst in dem Augenblick, wo die Quantität nützlicher Pharmaka umschlägt in eine wahrscheinliche Verminderung von Lebensqualität im ganzen. Nutzen schlägt um in Schaden; das schon idealtypische Beispiel sind die DDT-Folgen. Und Gesundheitsbetreuung schlägt um in Manipulation. Konsumwerbung für neue Produkte und Konsumneigung in der Bevölkerung wirken so ineinander, daß KLAUS MÜLLER nicht ganz zu unrecht meint: die medizinisch-pharmazeutische Industrie produziere zugleich mit ihren Medikamenten auch den Krankenbestand, den sie benötigt. Beide Verantwortungsgrenzen hängen aber mit der staatlichen Aufsichtspflicht zusammen, und das ist hier der springende Punkt: Die Frage ist, wieweit der Staat in diesen Bereich des wirtschaftlichen Systems eingreifen muß. Das könnte durchaus subsidiär geschehen, denn wer Kontrollauflagen macht, der kann um desselben Gemeinwohls willen verpflichtet werden, finanziell an die Leistungen der Industrie beizutragen, damit Forschungen und Entwicklungen betrieben werden können, die sonst zum Schaden der Allgemeinheit unterblieben. Und wie dies den einzelnen Wissenschaftler entlasten würde, so wäre gleichfalls zu diskutieren, wie seine Mitbestimmung an der Unternehmensleitung zu gewährleisten ist, und zwar mit dem vornehmlichen Ziel, wissenschaftliche ethische Verantwortung durch Prioritätensetzung in der Wahl von Forschungs- und Herstellungsprojekten wahrzunehmen und die ablaufenden Prozesse mit zu überwachen. Das aber leitet zu einem dritten Problemkreis über.

3. Die Grenze der Wissenschaft

Die Frage nach der Grenze der Wissenschaft spannt den Bogen zurück, sie berührt nicht nur der Disposition nach die »letzten«, philosophischen und theologischen, also wissenschaftstheoretischen Probleme. Sie pflegt gegenwärtig in der Weise verhandelt zu werden, daß man zu entscheiden versucht, ob es ausreicht, die *Anwendung* der Wissenschaft ethisch zu begrenzen oder ob es einer Veränderung der *Struktur* des wissenschaftlichen Denkens und seiner Methoden bedarf. Vermutlich gibt es einen zwingenden Übergang von der ersten zur zweiten Annahme, nämlich von der These etwa KLAUS SCHOLDERS, daß sich aus den Studien über Grenzen des Wachstums als einzig evidentes Orientierungsdatum für eine Wissenschaftsethik nur »die allgemeine Idee der Grenze« ergebe bis zu der Auffassung zum Beispiel des Biologen und Theologen GÜNTER ALTNERS, daß die Erkenntnis eben dieser Grenze bereits den ersten Schritt zu einer »Ethik der Mitkreatürlichkeit« bedeute; aus der Erfahrung gegenseitigen Empfangens und Gebens zwischen Mensch und Natur heraus wird die Ehrfurcht vor dem Leben zum Korrektiv wissenschaftlich-technischer Verfügungsmacht. Dies läßt sich nur andeuten[7].

Praktisch stellt sich jene Frage indessen wieder an zwei Verantwortungsgrenzen, die sich genau angeben lassen. Die erste ist: a) die Grenze der Objektivierung. Nachdrücklich hat der Biologe ERNST VON WEIZSÄCKER auf die Tatsache aufmerksam gemacht, daß es – zum Beispiel – ethisch gar nicht zulässig sei, die menschlichen Toleranzdosen der chemischen Gifte aus unserer verschmutzten Umwelt zu bestimmen. Es gibt, mit anderen Worten, von einer bestimmten Größenordnung der zu erwartenden negativen Folgen an nicht mehr die Möglichkeit, eine objektiv gesicherte, empirisch objektivierte Grundlage für moralische Entscheidungen zu schaffen; die wissenschaftliche Methode der Objektivierung stößt an ethische Grenzen. Das ist allerdings ein Kontrapunkt zu der oben aufgeworfenen Frage nach sachlicher Gewißheit. E. VON WEIZSÄCKER ist es auch, der aus diesem Dilemma, das weiterer Diskussion bedürfte, folgert: eine Anwendungsethik genüge nicht; vielmehr solle der Wissenschaftler zu einer »Haltungsethik« finden. Diese entspricht der zweiten oben genannten Maxime. WEIZSÄCKER weist auf die umstrittene, von ihm aber vorbildlich genannte Haltung eines Wissenschaftlerteams aus

7. Die beiden Autoren seien pars pro toto genannt: *Klaus Scholder*: Grenzen der Zukunft, Stuttgart 1973; *Günter Altner*: Schöpfung am Abgrund, Neukirchen 1974.

Harvard hin, welches eine erste gelungene Gen-Isolierung vor Abschluß des Forschungsprozesses veröffentlichte und so also die Öffentlichkeit in den Forschungsprozeß einbeziehen wollte[8].

Die zweite Verantwortungsgrenze verläuft parallel zur Grenze der Objektivierung; man kann sie bezeichnen als: b) die Grenze der Leidensminderung. So gewiß es einer medizinischen wie allgemein christlichen und humanitären Grundregel entspricht, daß Leiden verhütet oder vermindert werden sollen, so wächst doch umgekehrt mit den naturwissenschaftlichen Kenntnissen und Praktiken die Gefahr, daß mit den Leiden des Menschen auch seine Leidensfähigkeit verschwindet. Man braucht nicht Horrorvisionen der pharmakologischen und humangenetischen Veränderung menschlicher Substanz zu beschwören, um doch schon jetzt die Frage für dringlich zu erachten: »Wieviel Leidensfähigkeit können wir einbüßen, und an welchem Punkt beginnt der Umschlag von der menschlichen Geschichte in etwas unvorhersehbar anderes?« Die christliche Ethik lernt am Symbol des Kreuzes Jesu, daß Leidensfähigkeit die Basis der geschichtlichen Humanität ist, gleichsam ihre Produktivkraft. Leidensfähigkeit bedeutet eben: die Fähigkeit, die Übel der eigenen endlichen Existenz und die der Mitmenschen wahrzunehmen und anzunehmen. Es geht also, wie sich zeigt, bei dem Thema der Verantwortung des Wissenschaftlers zutiefst um ethische Grenzen der Wissenschaft, die von unserem Menschenbild und Lebensverständnis gezogen werden.

III. Die Mitverantwortung der Universität

Die Verantwortung des Wissenschaftlers in der industriellen Forschung ist eine öffentliche Verantwortung, aber sie kann nur begrenzt wahrgenommen werden, wenn sie nicht von der Universitätswissenschaft unterstützt wird. Ohne einen solchen Zusammenhang besteht die dreifache Gefahr, daß der einzelne sich versucht sieht,

8. *E. von Weizsäcker*: Ethische Probleme aus der Biologie, in: ZEE 3/1972.

den scheinbaren Eigengesetzlichkeiten des Wirtschaftslebens seinen Tribut zu zollen, daß eine mangelhaft informierte und gelegentlich hektisch reagierende Öffentlichkeit opportunistische Anpassungen an den Zeitgeist fördert, daß schließlich der Staat unmittelbar – und also nicht nur subsidiär – die Auswahl der scheinbar zweckmäßigen Forschungsprojekte bestimmt. Eine kritische Öffentlichkeit bedarf nicht nur des Sachverstandes – den hat die Universität nicht allein –, sondern mehr noch der Freiheit jener Wissenschaft, die sich dem Grundsatz nach selbst bestimmt. Diese Freiheit verpflichtet; die »reine Forschung« darf sich ihrer Vermittlung zur Öffentlichkeit nicht entziehen, und diese wiederum darf nicht nur spezieller Gutachtertätigkeit und Politikberatung überlassen bleiben oder auch der publizistischen Aufklärungsarbeit bedeutender und prominenter Einzelner wie kürzlich C. F. von Weizsäckers versachlichend wirkender Serie »Ohne Atomkraft leben?« in der Wochenzeitschrift »Die Zeit«[9]. Wichtig wäre vielmehr eine institutionalisierte Kommunikation zwischen Fachwissenschaftlern aus beiden Forschungsbereichen, dem universitären und dem industriellen, bei gleichzeitiger, sinnvoller Teilnahme aller, die es im konkreten Falle »angeht« oder die etwas beizutragen vermögen. Eine solche Institutionalisierung der Zusammenarbeit könnte sehr bescheiden anfangen, mit Symposien etwa über aktuelle Probleme; und das wäre ja auch nicht einmal etwas Neues, nur käme es darauf an, eine Art Selbstzensur der Wissenschaft zu erreichen und offensichtlich gefährliche Forschungsvorhaben – sei es denn einmal so gesagt – auch öffentlich zu denunzieren.

Eine solche Institutionalisierung kommunikativer Ethik (Grenzmoral) setzt allerdings voraus, daß die ethische Dimension der Forschung auch in der Lehre berücksichtigt wird, und das geschieht, mit der Ausnahme Hollands vielleicht, in Europa beklagenswert wenig. »Es darf also«, heißt es in dem erwähnten Brief der Societas Ethica, »nicht das Ideal der Universität sein, nur wertfreie Wissenschaft zu betreiben und zu lehren. Andererseits darf sie sich aber nicht beherr-

9. Nr. 27–29, 1975.

schen lassen von einer willkürlichen Ethik oder Politik und sollte, um diese beiden Gefahren zu umgehen, eigene ethische Besinnung betreiben.« Ethik der Forschung sollte interdisziplinär studiert und diskutiert, Forschung der Ethik sollte betrieben werden. Dies anzupakken, ist ein Gebot der Vernunft.

7. Ethik als Integrationswissenschaft

Ein Arbeitspapier im Rahmen der Planung des Handbuchs der christlichen Ethik*

I. Die Frage nach dem Proprium einer christlichen Ethik

Die leitende Frage des Exposés lautet: ob und wie Ethik als eine Wissenschaft vorgestellt werden könne, die zur Integration einer menschlichen Lebenswelt im Spannungsfeld ihrer unterschiedlichen und widersprüchlichen Ausdrucksweisen geeignet ist. Dabei empfiehlt es sich von vornherein zu beachten, daß von einer bestimmten, nämlich ökumenisch-theologischen Ethik ausgegangen werden soll. Schließt aber nicht ein solcher Ansatz bereits das Gelingen einer offenen wissenschaftlichen Kommunikation aus, es sei denn, er verleugne das Besondere an ihm? Diese Vorfrage wird beispielhaft von A. Ganoczy und W. Pannenberg in Concilium 6/7 1973 behandelt. Knapp skizziert, äußern sich beide Autoren in folgender Richtung: Das Wissen um die eigene, theologische Identität – so Ganoczy – bewahrt die offene Kommunikation mit den Wissenschaften davor, sie mit haltloser Anpassung und Opportunismus zu verwechseln. Deshalb gilt es, das Formalobjekt der christlichen Anthropologie zu klären; es entspricht jener Organisationsform der menschlichen Wirklichkeit, die sich aus der eigenartigen Beziehung des Menschen zu Gott »durch und in Christus« ergibt. Das bedeutet hingegen nicht, so Pannenberg, daß sich die Geschichte Jesu als Christusoffenbarung ganz diskontinuierlich zur menschlichen Gattungsgeschichte verhält. Vielmehr besteht ihr konstitutiver Beitrag zur Frage nach dem Menschen gerade darin, daß sie die vorgefundene Wirklichkeit des Menschen und so auch seine Frage nach sich selbst verwandelt, indem sie sie aufnimmt. Die Frage lautet dann: »Was be-

* Erstmals veröffentlicht in: Gesellschaft und Entwicklung, Nr. 3, Bern und Zürich 1974, S. 84–94.

deutet die Wirklichkeit des neuen Menschen für den alten, ersten Menschen?« Das Stichwort für die theologische Verhältnisbestimmung zwischen spezifisch christlicher und allgemein menschlicher Wirklichkeit heißt demnach: Diskontinuität in der Kontinuität.

Die formale Vermittlung zwischen »spezifisch christlicher« und »allgemein menschlicher« Wirklichkeit kann in dem anthropologischen Schema von der sogenannten »Offenheit« des Menschen – als Geschichte auf eine noch unvollendete Bestimmung hin (PANNENBERG) – gesehen werden. Daraus ergibt sich aber weiter, daß inhaltliche Aussagen der Ethik auch als christliche nur geschichtliche, unabschließbare Aussagen sein können. Mit anderen Worten: Das formale, erkenntnis- und frageleitende Prinzip einer christlichen Anthropologie bzw. Ethik ist die grundlegende Umwandlung der Lebensverhältnisse, wie sie von der Geschichte des gekreuzigten Jesus von Nazareth ausgeht; was hingegen materiell und so dann auch normativ-konkret über die Bedingungen menschlichen Lebens gesagt werden kann, ergibt sich erst aus der Kommunikation der Theologie mit den Wissenschaften vom Menschen. Die Struktur der Kommunikation ist also tatsächlich »offen«, ohne daß der besondere Ansatz preisgegeben werden müßte. Eine christliche Ethik wird sowohl mit der Möglichkeit rechnen müssen, daß der Anspruch theologischer Traditionen auch abgewiesen werden kann, als aber auch mit der anderen, daß sie gerade so in die Lage versetzt wird, unabgegoltene Motive der Wirkungsgeschichte des Evangeliums in die Kommunikation der Zeitgenossen einzubringen. Auf einer höheren, sozialanthropologischen Abstraktionsebene kommt die hier eingeführte Differenz im Begriff des christlichen Propriums darin zum Ausdruck, daß für den gesamten Bereich der menschlichen Evolutionsgeschichte – so nach DIETER CLAESSENS – zwischen formalen anthropologischen Prinzipien und inhaltlich-kulturellen Lernangeboten unterschieden wird[1]. Die Unterscheidung selbst ist eine theoretische Hilfskonstruktion, die gedanklich trennt, was in Wirklichkeit immer schon vermittelt ist.

Der beschriebene theologische Ansatz bei einem christologischen

1. *Dieter Claessens*: Instinkt, Psyche, Geltung, 2. Aufl., Köln und Opladen 1970.

Formalprinzip der Anthropologie mit Bezug auf die Inhalte der christlichen Kultur läßt sich auf einer von ihm abgeleiteten Ebene der Ethik als das Verhältnis von Liebe und Vernunft beschreiben. Sowohl in der katholischen Theologie (pars pro toto: W. KORFF, Norm und Sittlichkeit, Mainz 1973, z. B. S. 112) als auch in der protestantischen zeigt sich bei sehr unterschiedlichen und entsprechend folgenreichen Definitionen der beiden Begriffe im einzelnen eine Diskussionslage, die auf das gleiche Problem der Verhältnisbestimmung von spezifischem Christentum und offener Kommunikation zurückverfolgt werden kann. Exemplarisch mag das an einer Kontroverse zwischen M. HONECKER und U. DUCHROW skizziert werden; die Darstellung folgt der Sicht HONECKERS, es kommt nicht in erster Linie darauf an, ob sie die kritisierte Position genau trifft. Beide können sich zunächst die folgende These GEORG PICHTS zu eigen machen: »Wenn sich Vernunft von der Liebe trennt, entsteht vernunftlose Rationalität. Als ein vernünftiges und zugleich kritisches Vermögen entfaltet Vernunft sich nur, wo Liebe sie erleuchtet. Der Weltzustand, den die Vernunft herstellt, wenn sie im Licht der Liebe ihre Verantwortung erkennt, heißt Frieden.« Ethik wird also deutlich als Integrationswissenschaft angesprochen.
Nach HONECKERS – vermutlich überspitzter, aber aufschlußreicher – Analyse versteht nun die »Heidelberger Schule« der Sozialethik (PICHT, TÖDT, DUCHROW etc.) »Liebe« als ein theoretisches Vermögen, präziser: ein habituelles Erkenntnisprinzip (»Liebe ist die Wahrheit der Vernunft«). Die »Erneuerung der Vernunft« (Röm. 12, 2) kann dann als eine theologische Ermächtigung zur Evaluation und Selektion derjenigen Wahrheitsmomente betrachtet werden, die in einem allgemeinen Kommunikationsprozeß der Wissenschaften zutage gefördert werden. Andererseits geht diese Theorie einer Erleuchtung der Vernunft durch Liebe in der Tat davon aus, daß sich »richtige« Kriterien der Ethik in der heutigen komplexen und komplizierten gesellschaftlichen Situation nur noch im Wege interdisziplinärer Kooperation ermitteln lassen. HONECKER stimmt DUCHROW darin zu, daß aus den gesellschaftlichen Verhältnissen der Gegenwart ein Zwang zur Kommunikation folge und dieser sowohl den Stil gesellschaftlichen Engagements wie die Methode theologischer Re-

flexion verändern müsse. »Das ethisch Gute und das Vernünftige und für die Welt Heilsame scheint sich also in den Vorgang der Kommunikation selbst zu verlagern. Wahrheit scheint sich nur in universaler Kommunikation zu entschlüsseln. Dieser Vorgang ist elementarer als alle Normen, die man irgendwie immer daraus abstrahiert hatte« (DUCHROW). Die eigentliche Leistung des Formalprinzips »Liebe« besteht daher in einer Aufklärung der allgemeinen Vernunft: Der christliche Glaube bewahrt sie vor Hybris und Resignation, vor der Enttäuschung über ihre Hemmung durch Emotionen und Aggressionen wie vor jener Kurzsichtigkeit des endlichen Menschen, der geneigt ist, zum Schaden für sich selbst seinen raschen Nutzen wahrzunehmen. Diese Klärung erfolgt nicht über eine besondere »christliche« Kommunikation, sondern im Wege einer Teilnahme an der Weltverantwortung durch ein universal-kooperatives Studien- und Forschungsprogramm auf der Ebene der Ökumene.

Die Einwände HONECKERS, sofern sie von allgemeiner Bedeutung sind und die Positionen gleichsam idealtypisch erscheinen lassen, führen zu den folgenden drei Fragen: Verliert nicht in dem »Heidelberger« Modell einer ökumenischen Integrationswissenschaft das christliche Formalprinzip zu sehr an eigener Bedeutung? Ein Symptom dafür könnte es sein, daß die ethische Fragestellung prinzipiell (!) auf die Frage nach dem zeitlichen Frieden, der nach LUTHER das höchste Gut auf Erden ist, begrenzt wird. Tatsächlich werden sich für diejenigen ethischen Fragen , die im elementaren Horizont der äußeren menschlichen Arterhaltung erscheinen, zureichende Kriterien und Zielsetzungen allein aus einer möglichst universalen Kooperation entwickeln lassen, und zwar um so sicherer, je größer die Systemeinheiten sind, die zum Zwecke wechselseitiger Information kooperieren. Denn: »Im weltweiten Horizont haben ... sogar auf Vernichtung angelegte Systeme die Eigenschaft, das gemeinsame Interesse des Menschen aufzudecken« (DUCHROW). Eine zweite Frage verbindet sich damit: Bleibt nicht die beabsichtigte ökumenische Evaluation von »richtigen« Handlungskriterien de facto unkritisch an den Meinungen der jeweiligen Experten orientiert? HONECKER vermutet eine »Schlagseite zur Expertokratie, zu einem Technokratiemodell«, welches Weltverantwortung als verwissenschaftlichtes und durch Wissenschaft ausgeübtes Krisenmanagement begreift. Daher schließlich die dritte Frage, ob hier nicht doch gerade die Gefahr einer intellektualistischen Anmaßung der Christen zu erblicken sei. Führt nicht paradoxerweise gerade der Verzicht auf theologisch-substantielle Identität zu folgenloser Besserwisserei? Das verweist auf A. GANOCZYS Frage zurück.

HONECKERS eigener Lösungsvorschlag geht dahin, stärker zwischen der allgemeingesellschaftlichen Kooperation, an der die Christen teilhaben (coram-mundo-Relation) und ihrer innergemeindlichen (coram-deo-Relation) zu unterscheiden. Auf der Seite der Gemeinde hat die Liebe Gottes als handlungsmotivierendes Ereignis ihren Ort; sie begründet aktuell den Dienst der Christen – pointiert: der »Laien« – in der Weltverantwortung. Die »Liebe« ist hier nicht das erkenntnisleitende Formalprinzip der ethischen Theorie, sondern kontingenter und in der Geschichte des Christentums zu Konkretionen anleitender Grund der Nachfolge Jesu. Demgegenüber hat auf der weltlichen Seite die Vernunft ihre Wahrheit allgemeingültig und evident in sich selbst; sie ist ein praktisches, integratives Vermögen der Prinzipien, welches die kritische Idee des »guten Lebens« in ihrer Form schon enthält. Worauf es ankommt ist aber, daß die Gemeinde diesen transzendierenden, alles Bestehende an einem eschatologischen (Schalom-) Friedenszustand messenden Sinn der Vernunft weckt und wachhält, indem sie zu ihrem Teil progressive Friedensordnungen modellhaft gestalten hilft. Es sollen also nicht aus dem vorhandenen, tatsächlichen Kommunikationsprozeß Handlungskriterien, -ziele und -mittel selektiert werden; vielmehr soll dieser Prozeß selber dadurch qualitativ verändert, nämlich zur Wahrheit der Vernunft gebracht werden, daß die Gemeinde ihm gegenüber mutig tut, was nach Lage der Dinge jeweils »vernünftig« getan werden kann. Indem sie bei ihrer eigenen Sache bleibt, handelt sie wahrhaft und erhellend vernunftgemäß. Angesichts dieser Umkehrung des Verhältnisses von Liebe und Vernunft wird deutlich, daß beide theologischen Ansätze zu einer Ethik als Integrationswissenschaft fragwürdig sind, weil das formale ethische Erkenntnisprinzip entweder der kirchlichen Seite (Liebe als Wahrheit der Vernunft) oder der weltlichen (Vernunft als Idee des guten Lebens) zugewiesen wird, während die konkreten Lernangebote (Information über zeitgerechte Verhaltensweisen) jeweils von der anderen Seite erwartet werden. Statt eines solchen aporetischen Gegenübers wäre die ständige Wechselwirkung und Vermittlung von umwandelndem Christusgeschehen und menschlicher Kulturgeschichte zu beachten[2].

II. Kategorien der Integration

Bei Ethikern beider Konfessionen kann heute die Einsicht vorausgesetzt werden, daß Dogmatik und Ethik nurmehr in einem Verhältnis der Wechselwirkung zu begreifen sind. J. B. METZ zum Beispiel erklärt im Hinblick auf die Frage, wie die christliche Tradition für die gegenwärtige Wirklichkeit erschlossen werden kann: Hermeneutische Verfahren seien als solche praxisbezogene Verfahren, weil es in ihnen nicht nur um die Erhellung der Verstehensbedingungen und -horizonte, sondern um die Frage der Veränderung solcher Bedingungen und Horizonte selbst gehe. Dem entspricht die Feststellung H. E. TÖDTS, der das Neue in solchem Ansatz darin erblickt, »daß er die kritische Erkenntnis der gegenwärtigen Erfahrungs- und Handlungszusammenhänge thematisieren muß und daß er eben damit beginnt. Damit ist der Bezug auf kirchliche und gesellschaftliche Praxis von vornherein in den systematischen Ansatz aufgenommen und stellt sich nicht mehr bloß nachträglich als Problem einer Applikation«. Dem entspricht es jedoch im allgemeineren Rahmen der Ethik, wenn J. HABERMAS Ethik als ein Praxiswissen ansieht, welches »zur

2. Zu I. vgl. *Martin Honecker*: Konzept einer sozialethischen Theorie, Tübingen 1971; *ders.*: Liebe und Vernunft, in: ZThK 1971/2; *ders.*: Weltliches Handeln unter der Herrschaft Christi, in: ZThK 1972/1; *ders.*: Christlicher Beitrag zur Weltverantwortung, Stuttgart 1971; *Ulrich Duchrow*: Leib Christi und moderne Kommunikationsstrukturen, in: ZEE 1969/3; *ders.*: Christenheit und Weltverantwortung, Stuttgart 1970; *H. Ringeling*: Thesen zur Einordnung der Ethik in den Zusammenhang der theologischen Disziplinen, in: Gesellschaft und Entwicklung 1973/3.

hermeneutischen Klärung des Selbstverständnisses handelnder Subjekte verhilft«. An dieser Stelle kommt ein wichtiger Konvergenzpunkt zwischen einer kritischen Theologie und einer kritischen Philosophie ins Blickfeld; er wird jedoch bei weiterer Differenzierung auch wieder zu einem Punkt der Unterscheidung zwischen theologischen und philosophischen Konzeptionen, die den Akzent stärker auf die dogmatische, und solchen, die ihn stärker auf die ethische Seite des Wechselverhältnisses setzen. Dieser Differenzpunkt kommt selbst um so schärfer zum Vorschein, je klarer der grundlegende anthropologische Sachverhalt, auf den der Konsens sich bezieht, zum Ausdruck gebracht wird. Dieser Sachverhalt besteht darin, daß die gegenwärtige Lebenswelt eine Welt der Folgen des menschlichen Handelns ist. Wo das reflektiert wird, erscheint als allgemeinster Grund neuzeitlicher Emanzipation aus traditionalen Ordnungen die moderne Subjektivität. Diese ist, schärfer noch gesagt, sich selbst notwendig Grund und Ziel, ihr Anspruch auf Lebensfülle, die sich heute erschließen läßt, die anthropologische Grundevidenz der Epoche. Wenn es aber stimmt, daß der Mensch das Subjekt seiner Lebenswelt ist, und wenn diese Einsicht beinhaltet, daß auch die Geschichte des christlichen Denkens und Handelns menschliche Geschichte ist – welches ist dann der theologische Vorbehalt gegen die Erkenntnis der zeitgeschichtlichen Bedingtheit von Theologie und Kirche? Idealtypisch lassen sich drei Formen des »theologischen Vorbehaltes« nennen.

Die Kategorie *Eschatologie*: Diese bietet sich als eine ebenso radikale wie totale Integrationskategorie der christlichen Ethik an, und zwar auf einer breiten Skala »politischer Theologie«, die von naiver, vorkritischer Hoffnungs- und Revolutionstheologie bis zur methodologisch hochreflektierten, »nachkritischen« Theologie von J. B. METZ reicht. Wesentlicher Grund für den beträchtlichen Grad an Zustimmung, den die eschatologische Ethik erreicht hat, ist die Möglichkeit, in der Kategorie Eschatologie – oder »Reich Gottes« – die allgemeine Dynamik der Weltveränderung im spezifischen Handlungssystem von Theologie und Kirche zur Geltung zu bringen. Sie ist in der Lage, das Ganze der menschlichen Gesellschaft an einer besseren Zukunft zu orientieren, während sie gleichzeitig – so bei METZ – gerade darin einen »eschatologischen Vorbehalt« anzubringen vermag, daß nur Gott als das Subjekt einer Veränderung gedacht werden könne, die das Ganze der Geschichte betrifft, nicht dagegen ein partielles wie eine Klasse oder Schicht von Menschen in dieser Geschichte. Das Problem dieser Form von Ethik als Integrationswissenschaft ist aber dennoch ihr »prophetischer« Anspruch. Auch da, wo es vorläufig und also von Fall zu Fall um die Veränderung der jeweiligen Gesamtordnung (auch einer Freiheitsordnung) gehen soll, stellt sich die Frage, wer eindeutig-verbindlich die Richtung der Veränderung ansagen soll. Das Problem stellt sich um so dringlicher, je konkreter und weniger appellativ diese Ethik sein will. Läßt sich eine prophetische Integration auf der Ebene der Ökumene erreichen? Oder wird dies in der Praxis der kirchlich-institutionellen Wirklichkeit – wie z. B. METZ es als schwachen Punkt seiner eigenen Theorie erkennt – zu einem Neointegralismus und -klerikalismus?

Die Kategorie *Rechtfertigung*: Die eschatologische Theologie bleibt akzentuiert dogmatische Theologie; ihr primäres Interesse ist eine hermeneutische Redefinition biblischer Prämissen, die der Kritik entzogen bleiben, eben weil sie deren Voraussetzung darstellen. Demgegenüber steht eine Theologie, die stärker betont, daß das Christentum in sein ethisches Zeitalter eingetreten sei. Hier wird, vornehmlich von T. RENDTORFF, Theologie eher zur Aufgabe einer Rekonstruktion der freiheitsbewahrenden Grundlagen menschlichen Handelns in einer neuzeitlichen Theorie des Christentums. Die Akzentverschiebung bedeutet weder, daß auf Veränderung verzichtet, noch, daß einem ethischen Relativismus das Wort geredet werden soll. Vielmehr soll verhindert werden, daß die in der Geschichte des Christentums erreichte und sich in Menschenrechten ausformende Freiheit einem totalitären Integrationsmodell aufgeopfert wird. Gerade deshalb wird die Kategorie Rechtfertigung zu einem theologischen Vorbehalt gegenüber jeder *beliebigen* menschlichen Ethik, sei sie reaktionär oder utopistisch. Qualitativ erscheint solche menschliche Beliebigkeit in dem Stichwort von der »Selbstverwirklichung« des Menschen oder der Menschheit. Die Kategorie Rechtfertigung wird daher als eine Kategorie der Entlastung vom Zwang zur Selbstverwirklichung vorgestellt und ist auf diese Weise eine integrative

»Sinnmitte« (Rendtorff), welche für die neuzeitliche Lebenswelt konstitutiv ist: Sie entzieht den Menschen selbst, seine substantielle Humanität, jedem unmittelbaren, programmatischen Veränderungswillen. Die Ethik setzt dementsprechend bei einer vernünftigen Reflexion auf die Folgen menschlichen Denkens und Handelns ein; sie ist Verantwortungsethik, welche Alternativen der Lebensführung offenhält. Weil hingegen die Folgen menschlichen Handelns heute eine weltgeschichtliche Dimension haben, kann das Subjekt für Veränderung im ganzen durchaus in der christlichen Ökumene gesehen werden. Grundsätzlich allerdings hat an einer solchen Kommunikation, in welcher ein Konsens über die allgemeinen Grundlagen, Tendenzen und Ziele des Handelns angestrebt wird, »jedermann kraft seiner politischen Existenz ein Mitspracherecht« (Rendtorff). Praktisch würde das heißen: Die ethische Willensbildung auf der Ebene der Ökumene kann ein Problembewußtsein, wohl auch einen Problemdruck erzeugen, aber die Adressaten in Staat, Gesellschaft und Kirche behalten das Recht, jenen Willensbildungsprozeß in freier, kritischer Rezeption nachzuvollziehen und selbst kritisch darüber zu befinden, was davon in ihrer eigenen Situation vernünftig, nämlich im Interesse aller Beteiligten zu verwirklichen ist. Die Kategorie Rechtfertigung ist, weil sie sich gegen die Verabsolutierung von Partikularem richtet, ein Vorbehalt zugunsten von allgemeiner Humanität.

Die Kategorie *Versöhnung*: Ein Ansatz bei der Kategorie Rechtfertigung hat den Vorteil, daß die Freiheit und Würde des Menschen auf jeder Ebene menschlicher Verfassung respektiert wird. Weil sie aber wesensmäßig formal ist, kann sie auch den Nachteil haben, daß der Schutz vor ideologischer Vormundschaft zu einer Garantie der jeweils erreichten Freiheit wird. Von der Dogmatik emanzipiert, wird die Ethik zu einem Ausdruck der christlichen Lebenswelt in ihrer Geschichte. Demgegenüber bewahrt die Kategorie Eschatologie die Erkenntnis, daß die umwandelnde, umstürzende Botschaft vom Reich Gottes mehr ist als die christliche Lebenswelt. Es wäre auch zu diskutieren, inwiefern eine Affinität der Ethik des Rechtfertigungstyps zu einer Systemtheorie wie derjenigen von N. Luhmann besteht. Jedenfalls braucht sie ein materielles Korrektiv, und tatsächlich könnte eine Vermittlung der beiden Ansätze etwa in der Linie PAUL TILLICHS gesucht werden. Es wäre dann bestimmter davon auszugehen, daß jede ethische Position ihren Ort in den gesellschaftlichen Widersprüchen ihrer Zeit hat, anders ausgedrückt, von einer bußfertigen Betroffenheit, die an den Folgen christlicher Ethik die Fragwürdigkeit ihrer Motive wahrnimmt. Für eine theologische Ethik als Integrationswissenschaft würde in Anbetracht dieser menschlichen Situation die Nachfolge Jesu gleichbedeutend mit der Aufforderung zu einer vernünftigen Reflexion auf die Folgen des eigenen Weltverhältnisses für die Mitmenschen. Das aber bringt von vornherein ein inhaltliches Prinzip, einen qualifizierten ethischen Vorbehalt oder eine kategoriale kategorale »Randbedingung« (KLAUS MÜLLER) in die Konzeption der Ethik ein, nämlich »Versöhnung« als Aufgabe einer »Wiedervereinigung des Getrennten« (TILLICH). Sofern dies nicht – wie allerdings bei Tillich selbst – geschichtstheologisch, sondern pragmatisch gedacht wird, bleibt die Freiheit von eindeutig-prophetischen Ansprüchen gewahrt, während gleichzeitig alle Handlungsalternativen auf den gemeinsamen Generalnenner der Konfliktüberwindung gebracht werden[3].

III. Die Frage nach den Normen

Was im Hinblick auf die Kategorie Rechtfertigung schon behandelt wurde, kann nun mit dem Ziel einer Reflexion auf die Normenfrage wieder aufgenommen werden: Der Mensch, das Subjekt seiner Lebenswelt. Sozialanthropologisch ist dieser Ausgangspunkt vor allem von H. SCHELSKY betont worden. In der Moderne, so SCHELSKY,

3. Zu II. vgl. *J. B. Metz*: Zur Theologie der Welt, Mainz und München 1968; *ders.*, in: Diskussion zur »politischen Theologie«, hg. von *H. Peukert*, Mainz und München 1969; *T. Rendtorff*, a. a. O.; *ders*: Theorie des Christentums, Gütersloh 1972; *H. Ringeling*: Theologie und Sexualität, Gütersloh 1968 (Kap. V. 2); *H. E. Tödt*, in: Reform der theologischen Ausbildung, hg. von *H.-E. Hess* und *H. E. Tödt*, Band 7, Stuttgart 1970.

»taucht immer stärker das Bewußtseinsbedürfnis der kritischen Selbstreflexion und des sachlich-konstatierenden Selbstbezugs des Menschen zu sich auf. Der Mensch der Gegenwart nimmt grundsätzlich anders zu sich Stellung als vor 150 Jahren: Die ›Exzentrizität‹, wie HELMUTH PLESSNER diesen Wesenszug des Menschen genannt hat, ist gewachsen und gewandelt von einem einfach gläubigen, von heute aus gesehen naiven Programm- und Ideenbewußtsein in ein zusätzliches allgemein kritisches und konstatierendes Bedürfnis des Selbstbewußtseins. Dieser Prozeß der kritischen Veränderung des Selbstbewußtseins greift auf die Leit- und Zielbilder aller sozialen Institutionen über, das heißt: stellt ein neues Bewußtseinsbedürfnis dar, das institutionell befriedigt werden muß.« Vermutlich stellt sich mit dem zuletzt genannten Postulat die wichtigste Frage, eine Frage zugleich der gegenwärtigen Anthropologie an die Theologie wie auch dieser an jene.

Festzuhalten ist aber zunächst dreierlei: Einmal erscheint hier die »Dauerreflexion« als Grunddimension des »weltgeschichtlichen Zeitalters«; sie wird tendenziell von einem Bewußtseinsbedürfnis zu einem konstanten anthropologischen Bedürfnis, sofern es in der Kultur (Religion) institutionelle Stützen findet. Der Mensch wird zum Konstrukteur einer zweiten, künstlichen Schöpfung (GOTTH. GÜNTHER), zum Planer seiner selbst. Sodann bedeutet das neue anthropologische Vermögen, daß eine ökumenische Kommunikation erst dann zeitgerecht sein kann, wenn sie sich die Reflexionssubjektivität zu eigen macht; SCHELSKY hat den Begriff der Dauerreflexion, die beständig alle Fixierungen in Natur und Kultur transzendiert, in den fünfziger Jahren als ein religionssoziologisches Postulat eingeführt. Das heißt nicht zuletzt, daß die religiöse Reflexion auch die partiellen Kirchentümer und die Grenzen der Dogmen hinter sich läßt, relativiert. Schließlich aber enthält die wachsende anthropologische Chance der »Offenheit« des Menschen für neue Lebensmöglichkeiten ethisch die Maxime, unnötig werdende Zwänge in Natur und Kultur abzustreifen und also vermeidbare Leiden überflüssig zu machen. Nicht übersehen werden sollte hingegen schon an dieser Stelle, daß sich hier ein schweres ethisches Problem für das Christentum stellt: Wo ist die Grenze zwischen berechtigter Entlastung des Menschen und der unaufgebbaren Zumutung, ihn mit der Last des Mitmenschen (Nächsten) zu belasten?

Der Kategorie Eschatologie entspricht im allgemeinen Horizont der gegenwärtigen Humanität eine produktive Identitäts- und Sinnkrise. Jener konstatierende Selbstbezug läßt es über SCHELSKYS Vokabular hinaus fragwürdig werden, ob sich noch von Selbstbewußtsein oder Individualität sprechen läßt; dazu äußert sich auch W. PANNENBERG in Concilium 6/7 1973. In der gegenwärtigen Diskussion rückt statt dessen der Begriff der Identität in den Vordergrund, und zwar – nach ERIK ERIKSON und anderen – so, daß Ich-Identität als eine biographisch-synthetische Integrationsleistung verstanden werden muß. Sehr schön hat kürzlich THOMAS LUCKMANN gesagt, persönliche Identität sei in der modernen Gesellschaft in einem höheren Maß als je zuvor von institutionellen Zwängen freigesetzt, obwohl der Mensch in hochspezialisierten Handlungsräumen strengen Handlungsnormen folgen müsse. Persönliche Identität sei stärker als je zuvor eine mehr oder minder »gelungene« subjektive Leistung. Diese Möglichkeit wird aber eben im Gegenüber zu den Sachzwängen zuerst als »Ohnmacht« erlebt; der wachsenden Chance der Menschheit entspricht nicht ohne weiteres die des einzelnen Menschen. Dennoch ist es, wie LUCKMANN meint: Wir stehen vor einer historisch einzigartigen Chance, der Möglichkeit eben einer subjektiven »Autonomie«, und: »Es ist keine Tragödie, wenn der Mensch in der modernen Gesellschaft ein wenig zum ›Mann ohne Eigenschaften‹ wird.«

Die Ambivalenz von Macht und Ohnmacht zur produktiven Selbstbestimmung bringt die theologische Ethik an ihre alten Fronten: der Verzweiflung (Resignation) und dem Hochmut gegenüber. PAUL TILLICH hat das ethische Problem so umrissen, daß er den Menschen beschreibt als »das Wesen, das die Möglichkeit hat«. »Es gibt nichts Gegebenes, über das der Mensch nicht grundsätzlich hinausgehen könnte. Daß er es faktisch nicht kann, ist das Problem der Endlichkeit. Aber er hat die Möglichkeit, und das Haben der Möglichkeit ist das, was den Begriff der Freiheit auf der anderen Seite definiert und was nötig ist, um zu verstehen, was im Begriff der Utopie enthalten ist.« Würde und Versuchung des Menschen sind Korrelate. Seine

Versuchung ist es nach KIERKEGAARD, entweder verzweifelt man selbst oder verzweifelt nicht man selbst sein zu wollen, unbegrenztes Streben nach Selbstverwirklichung oder unbegrenztes Streben nach Selbstauslöschung, radikaler Individualismus und radikaler Kollektivismus. Die integrative Aufgabe der Ethik wird in einer »aristotelischen Mitte« gesehen werden dürfen: existentielle Ermutigung, die Identitätskrise – die beispielhaft als Krise der Geschlechtsidentität beschrieben werden könnte – als evolutionäre Chance auf sich zu nehmen; theoretische Grenzziehung gegenüber anthropologischen Harmoniemodellen, die das Problem der Endlichkeit aus der Welt schaffen wollen. Dies letztere ließe sich exemplarisch an HERBERT MARCUSE und der von ihm inspirierten neomarxistischen Utopie darstellen: Das Heil wird hier von einer Auferstehung der kulturell deformierten Natur erwartet; der in einer antiinstitutionellen Praxis der Sensibilisierung befreite Eros-Grundtrieb soll dauerhafte Verhältnisse auf der Basis von Freiheit und Sympathie stiften. Ethik wird selbst überflüssig, weil scheinbar nach den Zwängen von Natur und Gesellschaft auch der Zwang zu einer Mitmenschlichkeit, die nicht in harmonisch-erotischen Bezügen aufgeht, abgeschafft werden kann. Zentrale Frage der Ethik ist es demgegenüber, wie sie angesichts der objektiven Entlastungsmöglichkeiten vernünftige Gründe dafür geltend machen kann, daß es gut ist, sich auf den anderen Menschen in seiner Fremdheit (nicht nur: anziehend-ergänzenden Andersartigkeit) einzulassen. Die Umwandlung der menschlichen Lebensverhältnisse in der Wirkungsgeschichte des Evangeliums kann als Befreiung vom Zwang zur gegenseitigen Anpassung erfahren werden; die Integrationsleistung der Ethik setzt bei der »fremden Würde« an, die das Evangelium dem einzelnen verleiht und garantiert.

Dem kommt, gleichsam in Entsprechung zur Kategorie Versöhnung, die gegenwärtige soziologische Anthropologie entgegen; im Kontext der umwandelnden Theorie des Christentums gilt – Diskontinuität in der Kontinuität – durchaus: Anima naturaliter christiana. Die soziologische Anthropologie erhebt wohl mit Recht den Anspruch, selbst im Bereich der vielschichtigen anthropologischen Methoden eine Integrationswissenschaft zu werden; so WOLF LEPENIES in Concilium 5/1972 (»Schwierigkeiten einer anthropologischen Begründung der Ethik«). Die Tendenz geht dahin, experimentell zu unterscheiden und zu vermitteln zwischen vorläufigen und vorläufig ethisch zu beachtenden Konstanten aus der Naturgeschichte im Tier-Mensch-Übergangsfeld und kulturellen Prägungen, die aber ebenfalls zur »Natur« werden können. Die wachsende Exzentrizität (Offenheit) wird auf ihre Institutionalisierbarkeit hin geprüft; die progressive Forderung nach Möglichkeiten der »Insulation gegen selektive Pression« (CLAESSENS) wird zugleich zur Forderung von Schutzräumen gegen spekulativen Terror. Das Recht des Menschen, so zu sein, wie er geworden ist, wird gleichzeitig mit dem Recht anerkannt, zu werden, was er zu sein vermag. Allgemein wird – so CLAESSENS – als »letzte« Aussage der Anthropologie dem Menschen ein »Anspruch auf Anspruch« eingeräumt, dieser aber bedeutet eben vor allem, daß ein »humaner Rest« nicht mehr in sozialen, kulturellen und kirchlichen Rollen- und Merkmalszuweisungen aufgeht: »Letztlich« ist die Menschlichkeit des Menschen eine transsoziale, transkulturelle Wirklichkeit, Musils zehnter Charakter. Insofern kommt jenes »letzte« Wort der gegenwärtigen Anthropologie in D. CLAESSENS Formel zum Ausdruck, der Mensch könne seine Selbstwertschätzung oder Selbstbestätigung nurmehr durch Fremdschätzung transkultureller Art erlangen oder er unterbiete eben seine anthropologische Möglichkeit. Hier wird die Frage an die theologische Ethik deutlich: Sie hat ebenfalls über den bloßen Appell hinaus eine Institutionalisierungsleistung zu vollbringen, und es gibt auch nur das Modell der christlichen Ökumene für eine vorbildliche Institutionalisierung der höchsten Möglichkeit gegenwärtiger Humanität, nämlich in seiner transkulturellen (auch: transreligiösen?) Fremdheit bestätigt zu werden und so – nach GEORGE H. MEAD – überhaupt erst Selbstbestätigung zu finden.

Die Integrationsleistung der christlichen Ethik ist mithin einerseits die Leistung einer Kommunikation, welche die relativen und vorläufig nicht zu verändernden Lebensbedingungen berücksichtigt. W. LEPENIES hat in dem genannten Aufsatz das Problem gestellt, wie eine theologische Ethik ohne Verzicht auf die universale Perspektive dennoch die Partikularität menschlicher Normen respektieren kann.

Es geht dabei nicht um Relativismus, sondern um einen Realismus, der sich die begrenzte Geltung des eigenen Normensystems eingesteht. Eine Ethik, die nicht berücksichtigt, daß es für die Erfüllung bestimmter kultureller Ansprüche individuelle, geschlechtsspezifische, vielleicht rassische, jedenfalls aber schichtenspezifische Schranken gibt, die zumindest vorerst nicht zu übersteigen sind, befindet sich grundsätzlich schon auf der Seite des ideologischen Terrors. Andererseits führt die neue reflexive und konstitutive Einstellung zu der Tendenz, größere Flexibilität und sozusagen Durchlässigkeit zwischen den unterschiedlichen Moralen und Wesensprägungen zu erreichen. Der Entstehungsprozeß kultureller Normen und Institutionen durch die »wirklichkeitsstiftende Macht des Gesprächs«, Sprache »als Nomos im Werden« (P. L. BERGER) wird im Hinblick auf seine Bedeutung für die Sozialisierung des Kindes untersucht; mit dem Begriff des »Nomos« als Vorstufe von »Institution« (im Sinne A. GEHLENS) und dem Gegensatz der »Anomie« als emotionellem und kognitivem Wirklichkeitsverlust wird der Grund gelegt für elementare, planbare Integration als Interaktion in der menschlichen Gruppe, primär also für die familiäre Sozialisation. Eine theologische Ethik, die Integrationswissenschaft sein will, muß sich vor allem in diese Diskussion einschalten. Erziehung zur Anerkennung (Annahme) des anderen Menschen in seiner Ganzheit; Einübung-in-Einfühlung, wie sie unter den günstigen Umständen der Dienstleistungsgesellschaft in der Weise eines spielerischen Rollentausches zwischen den Geschlechtern weit über das frühere bürgerliche Aneignungsverhältnis zwischen Mann und Frau als ganzheitlich unterschiedenen Personen hinaus verwirklicht werden kann; Ausgleich und Überwindung bislang »natürlicher« Machtverhältnisse in der Familie, die – nach D. CLAESSENS – eine »vibrierende Einheit« aus einer Vielzahl konkurrierender anthropologisch-kultureller Dimensionen ist und sein kann, sein soll: Die anthropologische Situation der Gegenwart ist zutiefst eine religiöse Situation, die einer christlichen Vermittlung von Lebenssinn, einer theologischen Interpretation der Wirklichkeit offensteht[4].

4. Zu III. vgl. *H. Schelsky*: Zur soziologischen Theorie der Institution, in:

Zur Theorie der Institution, hg. von *H. Schelsky, Düsseldorf 1970*. – *Th. Luckmann*: Persönliche Identität in der modernen Gesellschaft, in: Neue Anthropologie, hg. von *H.-G. Gadamer* und *P. Vogler* (dtv Wiss. Reihe, Band 3), München 1972. – *P. Tillich*: Die politische Bedeutung der Utopie im Leben der Völker, Berlin 1951. – *Dieter Claessens*: Instinkt, Psyche, Geltung, 2. Aufl., Köln und Opladen 1970. – *Ders.*: Familie und Wertsystem, Berlin 1962. – *P. L. Berger und Th. Luckmann*: Die gesellschaftliche Konstruktion der Wirklichkeit, Frankfurt a. M. 1969. – *P. L. Berger*: Zur Dialektik von Religion und Gesellschaft, Frankfurt a. M. 1973.